柄谷行人文集

赵京华 主编

历史与反复

柄谷行人————

王成 译

著

中央编译出版社
Central Compilation & Translation Press

图书在版编目（CIP）数据

历史与反复／（日）柄谷行人著；王成译. —北京：中央编译
出版社，2018.1
ISBN 978−7−5117−3445−7

I. ①历… II. ①柄… ②王… III. ①历史哲学－研究
IV. ①K01

中国版本图书馆 CIP 数据核字（2017）第 269738 号

REKISHI TO HANPUKU
by Kojin Karatani
ⓒ2004 by Kojin Karatani
Originally published in Japanese by Iwanami Shoten, Publishers, 2004.
This Chinese(simplified Character)language edition published in 2018
by the Central Compilation and Translation Press, Beijing
by arrangement with the proprietor c／o Iwanami Shoten, Publishers, Tokyo

历史与反复

出 版 人：	葛海彦
出版统筹：	贾宇琰
责任编辑：	赵　灿
责任印制：	刘　慧
出版发行：	中央编译出版社
地　　址：	北京西城区车公庄大街乙 5 号鸿儒大厦 B 座（100044）
电　　话：	（010）52612345（总编室）　（010）52612341（编辑室）
	（010）52612316（发行部）　（010）52612346（馆配部）
传　　真：	（010）66515838
经　　销：	全国新华书店
印　　刷：	北京中兴印刷有限公司
开　　本：	880 毫米×1230 毫米　1/32
字　　数：	156 千字
印　　张：	8.5
版　　次：	2018 年 1 月第 2 版
印　　次：	2018 年 10 月第 2 次印刷
定　　价：	49.00 元

网　　址：	www.cctphome.com	邮　　箱：	cctp@cctphome.com
新浪微博：	@中央编译出版社		
微　　信：	中央编译出版社（ID: cctphome）		
淘宝店铺：	中央编译出版社直销店（http://shop108367160.taobao.com）		
	（010）55626985		

本社常年法律顾问：北京市吴栾赵阎律师事务所律师　闫军　梁勤
凡有印装质量问题，本社负责调换，电话：（010）55626985

目　录

中文版序言

一

收入本书的论文是我在 1989 年前后的时代背景下写作的。那个时期，苏联东欧阵营瓦解；在日本，昭和天皇所象征的时代行将结束。正是那时，我意识到日本"昭和"时代的事件与"明治"时代的事件可以进行比较，这就是这些论文的缘起。在那之前，从 20 世纪 80 年代中期开始，我就担心 20 世纪 90 年代会不会重蹈 20 世纪 30 年代历史的覆辙。抱着这个想法，我对日本的近代史进行了种种思考，在此基础上，又想到近代的世界史是不是按 60 年一个周期反复的，近代日本以 60 年为一个周期置身于类似的世界状况。昭和时代看起来重复了明治时代，这是因为，碰巧明治四十五年加上大正十四年大致为 60 年。而令人吃惊的是连细小的事件都可以看出其类似之处。

从此以后，我开始认真思考历史的反复这个问题。历史学家经常这样说：如果对历史无知就会重蹈历史覆辙。那么，如果了解历史的话，我们就会避免历史的反复吗？或者，历史的反复真正存在吗？这样的问题没有人认真思考过，因为，虽然直观上承认历史的反复性，但貌似科学的学者并不曾对反复问题进行论述。我认为历史的反复是存在的，而且可以进行"科学的"把握。当然，反复的不是事件而是结构，应该称为反复的结构。令人吃惊的是，结构上反复的时候，很多情况下连事件都变得类似。尽管如此，我们依然不应该为事件的类似性所束缚，反复的只是其结构而已。

作为反复的结构可以确切看到的是资本主义经济的危机、萧条、繁荣这一周期循环。这一周期循环并非经济政策的失败，而是必然的过程，最早对此做出论述的是《资本论》的作者马克思，但马克思采用的是被称为朱拉尔学派的 10 年一个周期的"短期波动"。后来受到斯大林肃清的苏联经济学家尼古拉·康德拉季耶夫提倡的"长期波动"以约 60 年为一个周期，我思考 60 年周期性的问题依据的就是这个观点。

但是，反复性结构不仅存在于经济层面，也存在于国家即政治的层面上。最初指出这个问题的也是马克思。一般看来，马克思的历史观是基于历史发展阶段的，所以，与反复没有关系。但是，他认真思考过反复的问题，这体现在他初期的著作《路易·波拿巴的雾月十八日》中。开头那段名言就是有关"历史反复"的论述："黑格尔在某个地方说过，一切伟大的世界历史事变和人物，可以说都出现过两次。他忘记补充一点。第一次是作为悲剧出现，第二次是作为喜剧出现。"讲这段话的时候，马克思强调从 1848 年革命到路易·波拿巴（拿破仑三世）就任皇帝的过程，重复了 60 年前拿破仑通过第一次法国革命（1789 年）当上皇帝的过程。但是，反复并非仅仅如此。原本第一次法国革命的过程也是在当事者意识到罗马史而展开的行动中发生的，那是城邦国家罗马向帝国转化过程中发生的事件。

马克思所言及的问题，黑格尔好像在《历史哲学》中写过。黑格尔在书中指出："起初看来只是一种偶然的事情，就变为真实和正当的事情了。"这段话指的是：恺撒正要做皇帝的时候却遭到了暗杀。后来，他的养子屋大维做了第一代罗马皇帝。恺撒在城邦国家罗马进行扩张，在靠共和制已经难以维持这个阶段，遭到了希望维持共和制的布鲁图斯一派的暗杀。然而，恺撒被暗杀后，人们把帝国（皇帝）看作不争的事实接受下来。恺撒自己没做成皇帝，但是，他的名字却成了指代皇帝的一般名称。

写到"黑格尔在某处……"时，马克思也许忘记了以上所涉及的背景。但是，在《路易·波拿巴的雾月十八日》中，他从法国革命实现共和国到拿破仑皇帝出现的过程中，看到了这样的反复。进而，60 年后，这个过程又通过拿破仑三世的登基这个过程再次得到了反复。这与经济层面上的反复性质不同，是国家固有的反复，其过程如下：最初，多数城邦国家或者部族国家处于一种割据的混乱状态。但是，当一个国家统摄了多数城邦国家和部族国家的时候，那就成了"帝国"。所谓"帝国"就是复数的国家整合在一起的形态。所以，它需要超越一个国家或部族的普遍性原理。可是，帝国不会长久，它会分解成为多个国家分立的状态。但在这种状态中，帝国会再次得到重建。

我具体解释一下这种情况。我们现在习惯于多个民族国家存在的状态。但是，这些国家是通过旧"世界＝帝国"被分割后于各地出现的。欧洲的民族国家在 19 世纪才开始存在。而且，那不单单是受法国革命的影响，而是因为拿破仑企图统一欧洲，为了与其对抗，民族国家在各地纷纷成立。不过，这并没有就此结束。英国、法国、德国均为了重建"帝国"而争夺霸权，这被称为"帝国主义战争"。而帝国主义在第二次世界大战结束之后，其建立"帝国"的动向依然没有终结。事实上，这种动向正作为欧盟而不断地被实现。

另一方面，在近代欧洲以外，世界各地还有清朝、莫卧儿、奥斯曼等帝国存在。这些帝国各自具有其普遍性原理。但是，进入 19 世纪，这些帝国受到欧洲帝国主义的侵略，遭到了分割。俄国和中国那样的国家发生了马克思主义者领导的革命，这些地域另当别论。一般来说，受帝国主义列强统治的地域在独立的时候，没有寻求"帝国"的再现，而是分成多个民族国家。实际上，各地域一直保存着"帝国"以后的文化和宗教的共同性，所以，依然有重新建立帝国的潜在动力。

前面，就经济层面乃至政治层面固有的反复性进行了阐述。但现实中，这两种反复性并非孤立存在的，而是相互重叠、相互作用的。国家和资本有时不同或者对立，但在根本上是相互依存的。它们各自作为能动的主体而独立存在，所以，不可能还原为哪一方。

二

写完本书中的各篇论文以后，我发现了几个需要修改的地方。第一，我意识到60年周期这一观点并不恰当。当然，相似之处很多，但并不一样。这同欧盟在欧洲的形成与20世纪30年代纳粹建立的第三帝国或者"广大区域"相仿，但根本上是不一样的。例如，如果20世纪90年代作为战前历史的反复，即使没有导致战争，日美之间的对立也应该在90年代末达到顶点。但是，这样的征兆却丝毫没有出现。另外，把90年代以后的日本比作30年代的法西斯主义也是不恰当的。法西斯主义有着与社会主义相对抗的一面，所以，保护主义、对金融资本的限制以及社会福利政策等得到采纳。可是与此相反，1990年以后在日本被强化的是"新自由主义"、福利的消减即让阶级差别扩大的政策。

那么，应该否定这种周期性吗？我认为国家与资本植根于无法摆脱的性质之中，这样的反复终究不会结束。大约 60 年这样的周期中也存在经济学的根据。这样的话，20 世纪 90 年代为什么变成与 60 年前似是而非的状态呢？我意识到这种状况不能与 60 年前相比，而是应该与其翻倍的 120 年前比较。换言之，与 20 世纪 90 年代相似的不是 20 世纪 30 年代，而是 19 世纪 70 年代。汉娜·阿伦特指出："帝国主义"在 19 世纪 80 年代开始表面化。2000 年以后的世界局势可以与这一时代进行比较性的观察。

人们勉强可以记住 60 年前的事，但 100 年前的事情就记不住了。所以，容易把东亚现在进展中的事态和 60 年前比较。这样一来，往往无的放矢，因此，不能明智地应对。例如，在东亚的中国、韩国、朝鲜、俄罗斯及日本之间的关系中，战前的问题现在依然投下很大的阴影，这是毋庸置疑的。但只看到这一点，就会忽略现在与战前如何的不同。中国并不是像战前那样受帝国主义侵略而呈现四分五裂的状态，现在已经成为政治经济上巨大的存在。然而，我们不能忘记 120 年前的中国也曾经是这样的。

当时，大清帝国是世界帝国。作为其周边国家的日本推翻旧体制，实行了开放政策。相反，朝鲜的李朝镇压亲日的门户开放派，力图以清朝为宗主国，维持锁国政策。这归结为日本与清朝的对立，即甲午战争。日本确立了近代国家、产业资本主义的体制，正在向帝国主义转换。尽管如此，这一时期，清朝不仅庞大，而且拥有现代化的军备。所以,甲午战争之际,日本人非常惧怕大清。甲午战争后,大清割让给日本的是台湾。综观现在的东亚,形成了中国大陆及台湾地区、韩国、朝鲜、日本、俄国这样的结构。这是 120 年前形成的,而且,在 20 世纪 30 年代消失了。如此观之,现在的形势应该说比起 20 世纪 30 年代来更类似于 19 世纪 80 年代。东亚存在着这种反复的结构。当然,这并非局限于亚洲。例如,对于阿拉伯世界来说也很适用。可以说,这样的反复是以世界规模存在的。

三

我在本书的序言第 9 页列出了"世界资本主义各阶段"表,不过,这是在重商主义、自由主义或者帝国主义平行发展的表面上所看到的世界资本主义阶段。换言之,乃是基于生产力的阶段性发展这一观点的。从这个观点来看,20 世纪 90 年代的特征就会被界定为从耐用消费品向信息产业的转移。但是,在这一点上,看不出反复的结构。

关于这一点,我从沃勒斯坦那里学到了一个观点,那就是把"自由主义"和"帝国主义"作为循环的过程,而不是作为历史的阶段来看。(《现代世界体系:1600—1750》)他的观点认为:"自由主义"是掌握着压倒性霸权的国家存在的世界经济体系的状态。相反,"帝国主义"被看作是霸权国家正在走向没落,取而代之的新兴国家还未确立，世界处于抗争不断持续的状态。

沃勒斯坦认为，在近代世界经济中掌握霸权的国家只有三个。荷兰、英国，还有美利坚合众国。例如，荷兰作为霸权国家提倡自由主义的时候，落后的英国是重商主义（保护主义）的。从政治上看，荷兰也是共和制，不像英国那样实施绝对王权，其首都阿姆斯特丹是笛卡尔和洛克流亡、斯宾诺莎得以安居乐业的特殊城市。

接下来，是荷兰失去霸权，可以取而代之的英国和法国持续在政治、经济上之竞争的时期，史称重商主义时期。18 世纪后半叶，荷兰尽管在制造业方面被英国超过，但是，在流通和金融领域依然掌握着霸权。英国确立起全面的优势是在 19 世纪以后，那便是所谓的自由主义阶段（1810—1870）。

1870 年以后，由于德国、美国和日本的崛起，英国开始没落，这些国家之间持续了在政治、经济上的激烈竞争，这被称为帝国主义阶段。但是，我们不能用列宁所规定的历史的各种特征来定位"帝国主义"。虽然霸权国家正在走向没落，但还不存在代替它们的国家。如果把它看作是抗争持续的阶段，那么可以说，到美国确立起霸权的 20 世纪 30 年代以后，它就已经结束了。

这里，我将提示在本书中的表格基础上添加了"霸权国家"这一项的新表格。这张表格将显示以下几点。

一般认为，20世纪90年代的美国同19世纪的大英帝国一样确立起了压倒性的霸权，但这是一个误解。美国成为霸权国家是在20世纪90年代之前。正如经济上停止美元的金本位制一样，70年代以后，由于德国和日本的崛起，美国已经开始没落。90年代以后，美国在金融和物流领域依然处于统治地位，这就如同以往的荷兰与英国那样，是霸权国家没落时都会出现的现象。

世界资本主义各阶段

	—1810	1810—1870	1870—1930	1930—1990	1990—
世界资本主义	重商主义	自由主义	帝国主义	后期资本主义	新自由主义
霸权国家		英国		美国	
	（帝国主义的）	（自由主义的）	（帝国主义的）	（自由主义的）	（帝国主义的）
资本	商人资本	产业资本	金融资本	国家垄断资本	跨国资本
世界商品	毛织品	纺织工业	重工业	耐用消费品	信息
国家	绝对主义	国民国家	帝国主义	福利国家	区域主义

所以，美国的"自由主义"阶段应该从被称为"冷战"时代的时期（1930—1990）来看。在这个时期，发达资本主义各国以苏联阵营为共同的敌人相互合作，另外，在各自的国内采取了保护工人和社会福利的政策。国际上的苏联阵营、国内的社会主义政党，尽管

外表上是其敌对的、革命的，但是，它们不仅没有威胁到世界资本主义，反而作为一种补充发挥了作用。

从 20 世纪 80 年代开始，在发达资本主义国家中突出的是削减社会福利、削减对资本的税收和管制的里根主义、撒切尔主义……的政策。它被称为新自由主义。不过，这与帝国主义并不矛盾。汉娜·阿伦特把 19 世纪 80 年代凸显出来的帝国主义特征之一，视为国家从民族的规范中获得了解放。（《极权主义的起源》）也就是说，国家和资本即使牺牲民族的利益也要疯狂地参与全球竞争，这个时期便是帝国主义。例如，作为 19 世纪末帝国主义特征的界定，我们可以指出"资本的输出"。但是，这种"资本的输出"意味着寻求海外廉价的劳动力而抛弃国内的劳动者。这与 20 世纪 90 年代的全球化是一样的。资本和国家通过社会福利的削减，免除财政负担，参与世界竞争。那种认为在国内产生阶级差距也是不得已的观点，不过是 19 世纪 70 年代以后风靡一时的意识形态——优胜劣败、适者生存的"社会达尔文主义"的翻版而已。这样看来，20 世纪 90 年代以后的状态与自由主义相比，还是应该被视为帝国主义。

奈格里与哈特在他们的《帝国》一书中主张，1991 年海湾战争以后的美国早已不是帝国主义，宣称这与民族国家的扩张之现代帝国主义不同，类似于古罗马帝国那样的"帝国"。事实上，海湾战争时期，得到联合国支持才展开行动的美国，其做法与以往似乎有本质上的不同。另外，美国保卫的是世界资本主义和世界市场，而不是一个国家的利益，这样的主张也仿佛有一定的根据。但是，美国希望得到联合国的同意，与其说是一个新"帝国"的行为，还不如说那只是因为美国已经没有作为一个霸权国家而行动的财政能力了。

奈格里与哈特的错误在于，他们认为 20 世纪 90 年代美苏"冷战"结构终结，世界处在一个"资本帝国"之下。实际上，复数的"世界 = 帝国"开始形成。美国与传统的帝国主义不同，这一观点的错误由 2003 年伊拉克战争得到了证实，美国无视联合国而采取了单方行动。从这一时期起，越来越明显的是欧洲作为对抗美国的"帝国"开始出现，进而，中国和印度也作为与其对抗的"帝国"逐渐崛起。

在今后一段时间里，围绕下一代霸权的竞争将会持续。从这个意义上讲，20 世纪 90 年代以后应该叫做"帝国主义"阶段。2008 年发生金融危机以后，把现在作为 30 年代的反复来看的观点正在蔓延，这不过是无的放矢的庸俗之见。30 年代是美国取代英国成为霸权国家的时期，而现在则是美国走向衰退的时候。并且，虽说 30 年代经济状况非常差，但是，以耐用消费品为代表，这一时期依靠大量生产和消费的繁荣是有所期待的。而以信息产业为主的今天和以重工业为主的 80 年代一样，很难摆脱普通利润降低 = 慢性经济不景气的困境。

以上是我的基本预测。当然，这不是对未来将要发生的事件的预见。但是，国家和资本所具有的反复结构毋庸置疑。如果不予以关注的话，那才会重蹈历史覆辙呢。眼下，我所能做到的仅仅是指出这一点。

柄谷行人

2009 年 1 月 27 日于东京

第一部

历史与反复

第一章 绪论——《路易·波拿巴的雾月十八日》

1. 引子

20 世纪 80 年代末,"共产主义体制"瓦解,正如弗朗西斯·福山"历史的终结"论所代表的那样,人们对民主主义(议会制)和自由主义市场经济的全球化将要带来的乐观前景津津乐道,马克思的《资本论》和《路易·波拿巴的雾月十八日》这类著作看上去似乎早已失去了意义。但也就是这一时期,这些著作开始发出缓慢而强烈的光芒。此后,我们看到的是世界经济结构的不景气和代议制度机制的不健全。但是,这并不意味着资本主义和近代国家的崩溃,而是暴露了历史处于一种难以摆脱的反复之中。

《资本论》和《路易·波拿巴的雾月十八日》所涉及的正是这种难以摆脱的反复。《资本论》研究的是资本积累运动本身无法摆脱的反复性。资本必须依靠不断的差异化以实现自我增殖。而且，它不能避开危机—繁荣—萧条—危机这样的反复（周期循环）。《路易·波拿巴的雾月十八日》讨论的是近代国家的政治形态难以解决、而又希望解决所导致的难以摆脱的反复性。必须承认，在20世纪90年代我们仍然处于这种反复之中。

例如，关于世界性的经济危机和议会制失败的到来，许多人谈到一种预感，认为20世纪90年代与30年代是相似的。这种观点似乎只是"左翼"中间一直存在的某种危机期待论。但是，在旧左翼已经丧失威信的现在，我认为这仍是值得认真探讨的问题。这种反复性体现了世界资本主义中被称为"康德拉季耶夫曲线"的约60年的周期循环。① 从经济的观点来看，30年代处于向"后期资本主义"的过渡中，再往前推60年，即19世纪70年代则处于自由主义向帝国主义的过渡之中。从这个意义上讲，20世纪90年代便产生了向全球化市场经济的过渡。在此，我不想详细论述。我想论述的是这些超越时代差异、创造出新阶段的难以摆脱的反复。

所谓历史的反复并非意味着相同事件的重复。能够反复的并非事件（内容），而是形式（结构）。事件本

---

① N. D. 康德拉季耶夫的"长期波动理论"，详见爱伦斯特·蒙代尔《后期资本主义》第1卷第4章（日译本，东京：拓殖书房，1980）。另外，参见伊曼努尔·沃勒斯坦《长期波动》（日译本，东京：藤原书店，1992）。

身能够避免反复，但是，像周期循环那样的某种结构是无法避免反复的。我所涉及的反复是那种反复强迫症。正如弗洛伊德所说的那样，所谓反复强迫症是那种绝对回忆不起来的向"被压抑者"的回归。它代替回忆，在当下反复。我们能够回忆起的只有发生的事件。所以，从事件的层面上，比较19世纪70年代、20世纪30年代、20世纪90年代，就会失去其中存在的"被压抑者的回归"。为了观察这一切，我们需要《资本论》，尤其是《路易·波拿巴的雾月十八日》。这是因为，马克思在这些著作中从一开头就涉及了历史上的反复性问题。这种情况下，"被压抑者"是什么呢？这与开头所叙述的话题，即议会制和资本主义经济中的代表（representation）问题相关。的确，这些体系是压抑性的。但是，形成反复强迫症的不是这样的压抑。所谓绝对无法表象的"被压抑者"是使这种表象体系成为可能的"漏洞"。但是，这个漏洞并非不可视，而是随处可见的。正因为如此，它才作为"漏洞"隐藏起来。

例如，在资本主义经济中，可以说货币就是这样的"漏洞"。《资本论》的作者马克思阐明了货币与其说是超越其承担者＝人的意志而被迫进行无穷无尽的自我增殖运动，不如说是"存在＝无"（海德格尔）本身。古典经济学嘲笑了崇拜货币的重金主义者（重商主义）的本末倒置。但是，当信用系统崩溃时，人们蜂拥而至，为的就是货币。对于古典经济学家或者新古典经济学者来说，货币仅仅是表示价值的尺度和支付的手段，也就是看得见的"存在者"。然而，正因为如此，货币这一"存在＝无"，换言之，使物存在于商品形态（价值形态）成为可能的那个东西被隐藏起来了。人们是在经济危机中——不管它是否戏剧性现身——感受到它。但在此时，人们跪拜于货币，它不单单是物，而是崇高的"物神"。反过来说，货币作为难以表象的东西存在着，人们体验到它是在作为反复强迫症的经济危机之中。

在《路易·波拿巴的雾月十八日》中，表象＝代表体系所具有的"漏洞"就是被杀掉或者驱逐的"国王"。我们从那个宝座上看到作为"皇帝"的波拿巴复活了。国王和皇帝以及总统与货币一样实际存在着。但，重要的是他们使代表制成为可能的"存在之无"。所以，"国王"和"皇帝"是谁？或者，就连实际上他们是否被称为国王和皇帝，也不是问题。问题是人类在近代获得的议会制（代表制）与现实可见的国王、总统以及皇帝这些存在者不同，具有绝对无法填补的漏洞，这就是作为向"压抑者的回归"而反复的事态。

在此，我提及《路易·波拿巴的雾月十八日》是因为从中可以解读出 19 世纪 70 年代、20 世纪 30 年代、20 世纪 90 年代作为症候而不断反复的东西。发生在法国的那个事件当中包含预见性。不过，令我如此思考的与其说是事件本身，毋宁说是马克思的精辟分析。毋庸赘言,《路易·波拿巴的雾月十八日》是分析同时代法国政治状况的紧跟时事的作品。从现在的历史学角度来看,这一定是不充分的。很显然,关于实际的路易·波拿巴和法国第二帝国政治,应该看到更加复杂的状况。但是,我从《路易·波拿巴的雾月十八日》中看到的并非实际的历史,而是有关国家原理的研究。这类似于《资本论》与英国经济史的关系。在《资本论》当中英国经济史的确是被用作了资料,但是,我们可以脱离开英国经济史来解读《资本论》,也应该这样读。

马克思在《资本论》中想要阐明的是依靠货币组成的幻想性的体系。那不应该称为经济基础。相反,那是形成并且隐蔽了经济基础的上层建筑,换言之,乃是表象的体系。所以,其中一直包含着崩溃的危机。而在《路易·波拿巴的雾月十八日》中则论述了另外一个表象的体系,那就是代表制所具有的不可避免的危机。如果说《资本论》是把经济作为表象来理解的话,那么可以说《路易·波拿巴的雾月十八日》则是把政治作为表象问题来处理的。如果《资本论》是近代经济学"批判"的话,同样,《路易·波拿巴的雾月十八日》就是对近代政治学的"批判"。不仅如此,波拿巴主义中以上两个方面是相联系的。所以,《路易·波拿巴的雾月十八日》所涉及的问题不单纯是过去的事件,也包含了贯穿于 20 世纪 30 年代的法西斯主义和 90 年代的状况中的问题。

从《路易·波拿巴的雾月十八日》出发思考问题具有如下几个优点：例如，我们思考 20 世纪 30 年代的法西斯主义的时候，不能将此作为德国与意大利两个特定国家的事件来看。那样，反而看不见 30 年代全球范围发生的问题。进而，不能成为研究 90 年代"反复"问题的契机。如前所述，事件本身不会反复。这样一来，法西斯主义就变成仅仅是过去的问题了。但是，既然议会制和资本主义存在的问题还没有消失，曾经存在的问题今后也会发生。

《路易·波拿巴的雾月十八日》对于研究日本 20 世纪 30 年代的法西斯主义，也是不可缺少的文本。总的来说，法西斯主义论是以德国或者意大利为模式，对于日本未必恰当。结果，甚至连日本不存在法西斯主义这种愚蠢的观点，也具有了说服力。然而，仅仅用法西斯主义这个概念来思考 30 年代出现在发达资本主义国家的事态，是不合适的。这些事态之一是针对俄国革命的对抗革命。也就是说，其本身就必须具有某种程度的社会主义。对抗革命的运动由于 30 年代的经济大萧条而得到加速。例如，在 30 年代的美利坚合众国出现了代表所有党派和阶层推进战争政策的总统（罗斯福）。这虽然不是法西斯主义，但也并非自由主义。应该如何普遍看待这种现象呢？《路易·波拿巴的雾月十八日》将可能解决这个问题（有关日本的问题将在第二章论述）。

《路易·波拿巴的雾月十八日》不仅对于 19 世纪 70 年代之后的帝国主义、20 世纪 30 年代的法西斯主义，而且对 90 年代以后的新形势，也有充满根本性洞察的启示。例如，《路易·波拿巴的雾月十八日》中的波拿巴对政权的掌握是有 1848 年的“左翼”崩溃在先作为背景的。虽然背景不同，但在 1870 年、1930 年和 1990 年亦有相同之处。简单来说，我认为法西斯主义是波拿巴主义的一种形态。重要的是把它作为《路易·波拿巴的雾月十八日》所描绘的动态过程来看，否则，那只是积累毫无意义的定义了。

　　例如，恩格斯是这样定义波拿巴主义的：在近代社会的资产阶级与无产阶级的对立过程中，产生了力量的均衡状态，当发生两种力量都不能掌握国家权力的时候，具有一定自立性的国家权力就会暂时形成。波拿巴主义指的就是这样形成的独裁权力的性质。有关波拿巴主义，马克思主义者不去认真阅读《路易·波拿巴的雾月十八日》，而是依据这个定义去思考。

　　如果仅仅讲阶级均衡的话，可以说专制主义王权也是在与封建势力以及资产阶级的均衡中形成的。所以，仅仅靠阶级的对立变成了资产阶级和无产阶级的对立，是难以理解波拿巴主义的特征的。专制主义王权和推翻它而建立起来的资产阶级国家中所形成的波拿巴主义，两者的区别在于阶级的均衡怎样达成这一过程。毋庸赘言，后者是通过普选的代表制、各政治党派的联合而实现的。① 如果不掌握这个要点，不仅是对波拿巴主义，而且对于其后法西斯主义那样的对抗革命，也难以理解。

2. 代表制的问题

马克思在《路易·波拿巴的雾月十八日》中，至少从五个方面研究了代表（representation）的问题。第一点是议会制（代表制）的问题。1848 年的二月革命

---

① 在意大利监狱中的葛兰西把波拿巴主义称为"恺撒主义"的一种形态，他认为联合政权就是恺撒主义的一种形态，但是，葛兰西把波拿巴主义看作"恺撒主义"之一形态，可以说是为了反对在马克思主义者当中确立起来的恩格斯式的定义。他试图回溯罗马共和国议会中恺撒的活动来思考波拿巴主义。不过，把波拿巴作为恺撒的"反复"来看的不正是创作《路易·波拿巴的雾月十八日》的马克思吗？所以，我所说的波拿巴主义相当于葛兰西就"恺撒主义"所讲的如下内容：

"当代世界中的恺撒主义现象形态，与恺撒-拿破仑一世之进步型的恺撒主义乃至拿破仑三世均有不同。可以说相比于前者，它更接近于后者。在当代社会里，于悲惨的预测中提出的均衡无法在经历激烈血腥的斗争后融和统一起来的两种势力之间获得实现，对立历史性地难以解决。但是，虽然因国家及在世界结构中的相对重要性的不同而或多或少有些差异，当代社会中依然有恺撒主义存在的余地。因为一个社会形态'总是'有发展和组织之体系化的可能，还有相互对立的进步势力的相对软弱也是一个原因。这种软弱性是其势力特有的生活质量与样式导致的，虽然有必要加以保持，但无疑终归是弱点。因此，当代的恺撒主义与其说是军事的，不如说是警察式的。"（《新君主论》日译本，东京：合同出版社）

废除王权，在共和制当中第一次实行了普选。但是，实际上，正是这样的议会才导致后来那样奇怪的事件发生。《路易·波拿巴的雾月十八日》所描写的事件，离开普选制度是难以想象的。马克思指出了这种表象＝代表制背后的实际社会阶级的存在。后来，恩格斯把在政治、宗教、哲学以及其他意识形态表象的背后发现经济的社会阶级结构和斗争或者说这样的"历史法则"，看作马克思的功绩。

但是，马克思从这个事件中看到的毋宁说是相反的，即从这样的社会经济的阶级结构上，乍一看来是独立的甚至背道而驰的事态，他希望弄清楚的正是其"作用"。不言而喻，这就是代表制这一制度。基于普选的议会，正如后来凯尔森所说的那样，与身份代表制议会不同，"代表"仅仅是虚拟的。① 也就是说，这里"代

---

① 凯尔森是这样讲的："……人们希望唤起一种外观，那就是民主主义自由的理念而且只有这个理念仿佛会被完整地表现在议会主义中。'代表的虚构'是为了这个目的起作用。这就是只有议会才是国民的代表者，国民只有在议会或者只有通过议会才能发表自己意见的思想。而且，事实与此相反，议会主义的原理在所有宪法上都不例外，议员不应该接受其选举人的任何约束性的指令。所以，与议会在其机能上法律上独立于国民之外这一规定是相结合的。正是持有这个议会对国民的独立宣言，近代议会才得以成立。议员与过去那种受到众所周知的命令性的委任约束、对此负有责任的身份代表集会明确脱离。"（《民主的本质与价值》日译本，东京：岩波书店）

（转下页）

表者"与"被代表者"之间不存在必然的关系。马克思强调的是政党和他们的话语独立于实际的阶级。或者不如说"被代表者"是肯尼斯·伯克所说的"阶级无意识"。只有在"代表者"的话语场域中,他们作为"阶级"才被意识到。这一点我们从马克思关于分到土地的小农的评语中也可以清楚地了解到。首先,他是这样解释"代表者"与"被代表者"之间关系的任意性的。

然而也不应该狭隘地认为,似乎小资产阶级原则上只是力求实现其自私的阶级利益。相反,它相信,保证它自身获得解放的那些特殊条件,同时也就是唯一能使现代社会得到挽救并使阶级斗争消除的一般条件。同样,也不应该认为,所有的民主派代表人物都是小店主或小店主的崇拜人。按照他们所受的教育和个人的地位来说,他们可能和小店主

––––––––––––

(续上页注)

广松涉在《马克思主义的理路》、《恩格斯论》等书中,关于历史唯物论的形成,强调"首席提琴手"是恩格斯。我虽然同意这个观点,但是,与广松的观点相反,那并非为了强调恩格斯的重要,而是要说明马克思的本领并不在这个方面。比《路易·波拿巴的雾月十八日》早几年创作的恩格斯的《农民战争》显示了他所谓的"历史法则"。但是,该书无法与《路易·波拿巴的雾月十八日》相比,不仅在于它缺少马克思的文学"天赋",而且缺乏关于表象体系的认识。

相隔天壤。使他们成为小资产阶级代表人物的是下面这样一种情况：他们的思想不能越出小资产者的生活所越不出的界限，因此他们在理论上得出的任务和做出的决定，也就是他们的物质利益和社会地位在实际生活上引导他们得出的任务和做出的决定。一般说来，一个阶级的政治代表和著作方面的代表人物同他们所代表的阶级间的关系，都是这样。[1]

不仅议会政党分裂为原来的两大集团，不仅其中的每一个集团又各自再行分裂，而且议会内的秩序党和议会外的秩序党也分裂了。资产阶级的演说家和作家，资产阶级的讲谈和报刊，一句话，资产阶级的思想家和资产阶级自己，代表者和被代表者，都互相疏远了，都不再互相了解了。[2]

因为，"代表者"与"被代表者"之间的关系本来就是任意性的，所以，产业资产阶级以及其他的阶级都放弃了原来的"代表者"而选择波拿巴是可能的。1848年2月4日，各党派作为"代表者"，即作为话语场域中的差异表现出来。然而，三年后，波拿巴作为所有人

---

[1] 《路易·波拿巴的雾月十八日》，见《马克思恩格斯全集》中文版第8卷第152页，北京：人民出版社，1961。

[2] 同上书，第198页。

的代表者掌握了权力。马克思拒绝把这一切归结为波拿巴自身的观念、政治谋略和人格。无论采用什么观点，都不能解开1848年2月4日，仅仅作为拿破仑侄子的波拿巴何以会掌握权力的秘密。

马克思在《资本论》中指出，货币作为一个商品来看非常容易，问题是要弄清一个商品为什么以及如何成为货币的。他对于波拿巴的论述也相同。针对给波拿巴以"尖刻的和俏皮的攻击"的维克多·雨果，马克思写道："相反，我则是说明法国阶级斗争怎样造成了一种条件和局势，使得一个平庸而可笑的人物有可能扮演了英雄的角色。"(《路易·波拿巴的雾月十八日》第二版序言）的确，不管怎样不停地重复雨果那样的批判，那也会像说货币只是废纸一样，无以构成真正的批判。但是，马克思所说的谜底，仅仅讲"阶级斗争"也弄不清楚。代表制，或者说话语机构是独立的存在，"阶级"只有通过这样的机构才能被意识化，而且，这个体系中存在着难以填补的漏洞，这个系统之中隐藏着让波拿巴成为皇帝的秘密。

一切只有通过普选的代表（representation）才能表现出来，在观察法西斯和今后的政治上，这是至关重要的。马克思指出：在"代表者"与"被代表者"中间存在一个自己的代表者也不具备使自己阶级的利益普遍化从而得到拥护的话语，所以，必须靠其他人来代表的某个阶级，那就是分到土地的小农。

既然数百万家庭的经济条件使他们的生活方式、利益和教育程度与其他阶级的生活方式、利益和教育程度各不相同并互相敌对，所以他们就形成了一个阶级。由于各个小农彼此间只存在有地域的联系，由于他们利益的同一性并不使他们彼此间形成任何的共同关系，形成任何的全国性的联系，形成任何一种政治组织，所以他们就没有形成一个阶级。因此，他们不能以自己的名义来保护自己的阶级利益，无论是通过议会或通过国民公会。他们不能代表自己，一定要别人来代表他们。他们的代表一定要同时是他们的主宰，是高高站在他们上面的权威，是不受限制的政府权力，这种权力保护他们不受其他阶级的侵犯，并从上面赐给他们雨水和阳光。所以，归根结底，小农的政治影响表现为行政权力支配社会。①

具体来说，普选中第一次登上政治舞台的农民投了波拿巴的票。但是，与其说他们把波拿巴当作自己的代表来支持，毋宁说是当成了"皇帝"。最终，把波拿巴推上皇帝宝座而没有停留在总统位置上的力量就存在于此。

---

① 《路易·波拿巴的雾月十八日》，见《马克思恩格斯全集》中文版第 8 卷第 217—218 页，北京：人民出版社，1961。

我们在 20 世纪看到，成为法西斯主义主要基础的就是这样的阶级。但那个时候，重要的应该是使农民站在政治舞台上的、基于普选的代表制民主主义。例如，希特勒政权出现在魏玛体制理想的代表制中。还有，常常被忽视的一点，日本的天皇制法西斯主义也是在1925 年确立起普选法之后开始抬头的。在 20 世纪 30 年代的德国，马克思主义者把希特勒单纯看作拯救资产阶级经济危机的代理人，认为只要对此加以揭露就可以了。与纳粹一样，他们自己也把魏玛议会看作一个骗局。但是，与他们的设想相反，不能单纯从暴力和阴谋的角度来解释大众被纳粹所"代表"一事。原本共产党也是"代表者"之一，与"被代表者"没有必然的关联。

希特勒是在第一次世界大战后德国皇帝被放逐而建立起来的共和国议会之下，通过选举而当上总理，进而经过国民投票成为总统的。对这种事态感到困惑的马克思主义者（法兰克福学派）因为用马克思主义（历史唯物论）难以理解，所以，想到采用精神分析的方法。同样也可以说，因天皇制法西斯主义问题而受挫的日本马克思主义者采用了社会心理学和文化人类学。他们那样做是打算弥补马克思主义理论的欠缺。

但是，如果基于《路易·波拿巴的雾月十八日》来思考的话，我们并不需要精神分析。这是因为马克思几乎预见到了弗洛伊德的《梦的解析》，他对短时间发生的就像"梦"一样的事态进行了分析。在这种情况下，他强调的并不是"梦的思想"，即实际的阶级利害关系，而是"梦的工作"，即那些阶级无意识如何被压缩、转移。弗洛伊德做了如下叙述：

> 梦似乎是这些观念的节录体，观念集合的规律，我们还没有讨论，梦的元素又好像是那些观念票选出来的一群代表。毫无疑问，我们的技术已足使我们发现梦所代表者究系何物，它的心理学价值就在这里。我们所发现的就不再是梦的迷惑、古怪、混乱的性质了。[①]

弗洛伊德把"梦的工作"比喻为通过普选组成的议会。如果是这样，与其说马克思的分析借鉴或者应用了精神分析，不如说我们应该从《路易·波拿巴的雾月十八日》来解读精神分析。阿尔都塞反对陈旧的经济决定论，应用拉康学派的概念，试图依靠"多重决定"（overdetermination）来解释上层建筑的相对独立性。但是，那只不过是"历史性唯物史观"的一般性再解释。

马克思在《路易·波拿巴的雾月十八日》中论证得更加专业而且缜密。他没有忽视代表制这一象征性形

[①] 《精神分析引论新编》，此处采用高觉敷的译文，见中文版第7页，北京：商务印书馆，1987。

式，而且进一步指出代表制本身具有双重性。一面是议会，即立法权；另一面是总统，即行政权。总统是直接通过国民投票选举的。实际上，波拿巴针对共和党企图限制选民而提倡普选，作为"国民的代表"博得了好评，而且，后来的希特勒也是这样诉诸国民投票的。

3. 立法权与行政权

议会和总统的差异不单表现在选举形式上。正如卡尔·施密特所讲的那样，从通过讨论进行统治的意义上来讲，议会制是自由主义的。从代表普遍意志（卢梭）的意义上来讲，总统是民主主义的。按照施密特的观点，独裁形式违背自由主义，但并不违背民主主义。布尔什维克主义和法西斯主义与其他所有独裁制一样，是反自由主义的，但未必是反民主主义的。"与靠半个世纪以来非常缜密地构建起的统计机构相比，依靠喝彩即不容反论余地的不证自明，人民意志能够更好地得到民主主义的表达。"①

这个问题早已明确地出现在卢梭的著作里。他嘲笑式地批判英国的议会（代表制），指出："主权不能被转让，同样按照这个理由，主权也不能被代表。主

---

① 卡尔·施密特：《现代议会主义的精神史地位》日译本，东京：三铃书房。

权本质上存在于普通意志当中。而且，普通意志绝不是被代表的。""人民一旦拥有代表，就早已不是自由的了，人民也就不存在了。"① 卢梭以希腊的直接民主为规范否定了代表制。但是，这将归结为在与议会不同的行政权（官僚）中发现"普通意志"的黑格尔，或者通过国民投票的"直接性"来否定议会的代表制。毋庸赘言，国民投票仅仅是代表制的一种形态。

这个问题不能停留在政治性的代表制问题上。作为议会和总统之间 representation 的差异，对应着认识论上的 representation 问题。一方面，存在从先验的明证性能够演绎真理这一笛卡尔式的观点；另一方面，也存在真理仅仅是依靠他者协商的某个暂定的假说这一盎格鲁-撒克逊式的思考方式。从政治上看，例如"普通意志"，前者的观点认为是由超越互相对立的人和阶级的存在所代表的。后者的观点是通过讨论达成一致再做出决定。当然，两者都是海德格尔所说的在表现 representation 真理的过程中发现的近代化思考。

海德格尔对其进行了根本的批判。从政治上看，他否定了总统和议会。按照他的观点，真理应该通过富有诗意的思想家和领导者被"存在"直接展示出来。例如，海德格尔主张希特勒举行的国民投票不是代表制，

---

① 卢梭：《社会契约论》日译本，东京：岩波文库。

也不能那么做。① 但是，毋庸赘言，那也只是 representation 的另一种形态，即相互矛盾、分裂的各阶级在想象中的整合。海德格尔主张的是总统并非通过国民投票选出的"代表"，应该是国民跪拜的"皇帝"。但是，那不等于说再现了 re-present 专制主义的主权者吗？

在资产阶级民主国家中，国民是主权者，他们选出的政府代表他们的意志。由此看来，绝对主义的国王 = 主权者等则是应该嘲笑的观念。但是，对于魏玛体制进行思考的卡尔·施密特主张，只要在国家内部思考，主权者是看不见的，在例外状况（战争）中，作为决断者的主权者就会显露出来。（《政治神学》）施密特后来通过这个理论使决断主权者希特勒合法化了，但是，其中确实包含着不能简单否定掉的问题。

马克思在《路易·波拿巴的雾月十八日》中所看到的是，推翻专制主义王权残余的 1848 年革命后，路易·波拿巴作为"决断主权者"崛起的过程。马克思在此阐

---

① 海德格尔在 1933 年国民投票之际，主张那不是选代表，也不能那样做。他强调：总统不是通过国民投票选出来的"代表"，而应该是值得作为"主人"跪拜的"皇帝"。"德意志的各位教职员工们！德意志民族共同体的同胞们！德意志民族正在受到号召投给党首一票。但是，党首并非想要从民族那里得到什么。不，应该说这给予民族每个人能够做出至高无上的决断的机会，即，是否希望民族整体保持本来的面貌。民族明天将要选择的不是别的而是自己的未来。"（《支持阿道夫·希特勒和国家社会主义体制的演讲》，1933）

明的是"国家本身"出现在代表制议会和资本制经济的危机中。皇帝和领导者以及天皇是其"人格化的承担者",只能是向"被压抑者(绝对主义王权)的回归"。

这样,我们从波拿巴当皇帝的过程中,能够看到世界史上最初的普选、代表制的危机以及在其想象上予以扬弃的路径。从这个意义上说,《路易·波拿巴的雾月十八日》预见到了其后近代国家出现的政治危机的本质性要素。毋庸赘言,这场危机是和民主代表制一起开始的。民主代表制是通过除掉专制主义的国王而出现的,但是,其中存在一个难以填补的漏洞。近代民主政治中的"反复强迫症"必须在危机中填补这个漏洞。

4. 流浪者与国家装置(机构)

有自己的代表但只能以跪拜的形式才拥有的阶级,不仅是分到土地的小农,军人和官僚也一样。马克思是这样论述的:"这个行政权力有庞大的官僚机构和军事机构,有复杂而巧妙的国家机器,有五十万人的官吏队伍和五十万人的军队,——这个俨如密网一般缠住法国社会全身并阻塞其一切毛孔的可怕的寄生机体,是在君主专制时代,在封建制度崩溃时期产生的,同时这个寄生机体又加速了封建制度的崩溃。"[1] 在普选制度下,

---

① 《路易·波拿巴的雾月十八日》,见《马克思恩格斯全集》中文版第 8 卷第 215 页,北京:人民出版社,1961。

他们抬出波拿巴，这自不待言。正如后面论述的那样，这里重要的是 1851 年周期性的世界经济危机。在这次危机中，隐藏在普选议会制下面的军队、官僚机构，换言之，"国家"出场了。"只是在第二个波拿巴统治时期，国家才似乎成了完全独立的东西。和市民社会比起来国家机器已经大大地巩固了自己的地位。"① 即，资产阶级经济陷入困局的时候，国家机构在"皇帝"的领导下，积极介入其中。

而且，《路易·波拿巴的雾月十八日》中，马克思多次谈到"未形成阶级"的阶级。那就是波拿巴领导的"十二月十日会"所象征的一伙。他们是一群与农民形成对照的、脱离了实质上的阶级、只是依靠内容空洞的"话语"生存的人。马克思把他们戏称为流氓无产者。但是，他们绝非无能。波拿巴阵营最大限度地利用了印刷品和报纸，那都是这些人干的。

波拿巴必须代表所有人。正如他被称为"马背上的圣西门"那样，他标榜国家社会主义。所以，他必须代表无产阶级；当然，也必须代表被经济危机打垮的资本家阶级；还要代表农民。然而，代表所有阶级，这可能吗？"波拿巴想要扮演一切阶级的家长似的恩人。但是，他要是不从一个阶级取得什么，就不能给另一个阶级一

---

① 《路易·波拿巴的雾月十八日》，见《马克思恩格斯全集》中文版第 8 卷第 216 页，同上。

些什么。""波拿巴既被他的处境的自相矛盾的要求所折磨，并且他作为一个魔术家不得不以日新月异的意外花样吸引观众把他看作拿破仑的替身，换句话说，就是不得不每天举行小型的政变，于是他就使整个资产阶级经济陷于全盘混乱状态，侵犯一切在 1848 年革命中看来是不可侵犯的东西……"① 总之，他能做到的是比起对现实采取什么行动来，更在于给予你一种正在行动的意象。

可以说，波拿巴是第一个有意识地实践通过媒体形成的意象来构筑现实的政治家。本来，他的存在除了是拿破仑的侄子这一表象以外，什么都没有。而彻头彻尾地使用表象，也适合用来说明他当了皇帝以后举办的两次万国博览会。那对于他来说，与其说是祭祀的仪式，倒不如说是每天举行的"小型的政变"。也可以说，就连波拿巴实际的政变也不是军事性的，而是作为这样的"活动"进行的。

马基雅维利在《君主论》中论述道：君主没有必要是善人，但必须看上去像善人。他看穿了近代政治早已是依据表象的。换言之，符号所意味的与指示对象不同。马基雅维利总是受到实际上更加恶毒的"马基雅维利主义者"＝当权者的非议，这与符号独立于指示对象

---

① 《路易·波拿巴的雾月十八日》，见《马克思恩格斯全集》中文版第 8 卷第 227 页，北京：人民出版社，1961。

的自立性被实际上使用它的现实主义作家所否定是相同的。有关波拿巴，波德莱尔指出：如果这样来使用印刷品和报纸的话，谁都可以成为总统。但是，与波德莱尔一起兴起的诗歌之象征主义就是在这样的表象转化中和波拿巴主义平行的。

大概《路易·波拿巴的雾月十八日》所显露出来的比 19 世纪更明显的倾向，可以在 20 世纪 30 年代的纳粹中，或者 80 年代的后现代主义中展现得更为明显。这可以称为"大众社会"的初期表现。参加过 1848 年革命的那些人与其说是马克思所谓的"无产阶级"，毋宁说是本雅明所说的城市群众（大众）。他们也是"没有形成阶级"的阶级，或者应该说，在 1848 年的法国大革命中"被代表的"一方并未形成经典性的阶级划分。

的确，马克思没有考察这样的事情。他批判甚至嘲笑了游离于指示对象以外的符号，与实体性的阶级没有关联的政治话语。但值得注意的是，本书并非用 19 世纪的现实主义所写。艾德蒙·威尔逊指出：能比得上马克思的痛骂的只有斯威夫特。（《开往芬兰车站》）本书在拉伯雷式的文章风格上，可以说表现出了对于这些"渣滓、垃圾"性存在的粪尿谭式的趣味，仅仅这种文体就能对抗有关波拿巴那是非颠倒的事态。仔细想一想，聚集在巴黎的像马克思那样的流亡革命家们也和波拿巴们一样，是一种"波希米亚人"。讥讽《路易·波拿巴的雾月十八日》忽略了"史实"的现代历史学家的著作，没有看出这本书是描写闹剧最出色的文学文本。

5．历史的反复

下面将要论述的问题也就是作为再现（re-presentation）的反复问题。当然，这与《路易·波拿巴的雾月十八日》开头的那句名言相关联："黑格尔在某个地方说过，一切伟大的世界历史事变和人物，可以说都出现两次。他忘记补充一点：第一次是作为悲剧出现，第二次是作为笑剧出现。科西迪耶尔代替丹东，路易·勃郎代替罗伯斯庇尔，1848—1851 年的山岳党代替 1793—1795 年的山岳党，侄儿代替伯父。"

马克思在此讲到的历史的反复是关于 1789 年的第一次法国革命和 1848 年的第二次法国革命，那就是废除王政，以共和政治为目标的革命最后归结为帝政。但是，不仅如此。接着开头的句子，他指出：法国大革命中人们不断地"依次穿了罗马共和国和罗马帝国的服装"。也就是说，最初的 1789 年以后的事态已经是对过去的反复。

马克思认为：1848 年以后的三年是反复了 1789 年革命至拿破仑政变的时期。最初，采取再现古代的形式实现了资产阶级革命。但是，后者没有值得再现的任何新东西。所以，马克思称之为"喜剧"。尽管如此，还是存在波拿巴主义想要实现的东西。那就是依靠行政权消解资本主义带来的阶级对立，以后永远不需要革命，也就是他所谓的"拿破仑思想"。与叔父拿破仑是军事性的相比，波拿巴希望和平与产业发展。当然，这并未妨碍波拿巴派兵阻止意大利的独立，对外他是帝国主义的。

马克思在上面的文章中补充说："人们自己创造自己的历史，但是他们并不是随心所欲地创造，并不是在他们自己选定的条件下创造，而是在直接碰到的、既定的、从过去继承下来的条件下创造。一切已死的先辈们的传统，像梦魇一样纠缠着活人的头脑。"① 但是，马克思在此关注的是反复而非一般性的事实，拿破仑皇帝出现在 1789 年的革命，即杀死国王而实现共和制的过程中，从某种意义上讲，这只能是恺撒的"反复"。

从马克思引用黑格尔的话来看也很明确。他所说的"黑格尔在某个地方说过"的"某个地方"大概是指《历史哲学》中有关恺撒的论述。但黑格尔的叙述与马克思的意思是不同的。黑格尔这样讲道："可以知道，假如一种政治革命再度发生的时候，人们就把它看作是理所当然的了。也就是这样，拿破仑遭到了两次失败，波旁王室遭到了两次放逐。经过重演以后，起初看来只

---

① 《路易·波拿巴的雾月十八日》，见《马克思恩格斯全集》中文版第 8 卷第 121 页，北京：人民出版社，1961。

是一种偶然的事情，就变为真实和正当的事情了。"
（《历史哲学》）

在黑格尔的意识中，恺撒是世界史式的人物，这件事也是世界史上的事件。其理由在于，他们把针对民族或者城邦国家＝共和制的原理转变为超越各民族的广域"帝国"的原理。恺撒在罗马扩张，于作为城邦国家难以维持的阶段企图做皇帝，结果遭到希望维持共和制的布鲁图斯一派暗杀。然而，他们杀害了想要破坏共和国的恺撒后，发现共和国已经维持不下去了。于是，恺撒虽然死了，其后皇帝却诞生了。实际上，恺撒成了皇帝，即，他的名字成为表示皇帝的一般名词。

法国革命的当事者们从时间上压缩和反复了这样的罗马史。他们依靠革命形成了共和国，但混乱的结果却终结于拿破仑帝政。这看起来是罗马史的反复，然而并非如此，因为各自所处的政治经济结构不同。法国革命所实现的是资产阶级经济体制和民族国家的确立。而且，拿破仑提倡的欧洲联邦只不过是为了保护法国国民经济免受英国产业资本的冲击而策划的"帝国主义"。那是民族国家的延伸，并没有成为"罗马帝国"。汉娜·阿伦特对此做出了如下评述：

> 在近代史上，对于征服以及世界帝国的评价不高，是有其理由的。能够设立持久性的世界帝国是基于罗马共和国那样本质上基于法律的政治形态，

而不是民族国家那样的政治形态。因为，其中存在
具体体现承载整个帝国的政治制度，即具体体现人
人平等的有效立法这一权威，由此，征服之后，极
其不同的民族集团实际上也能得到整合。民族国家
不具备这样的整合原理。因为民族国家一开始就是
以同一住民和住民对政府的积极认可（卢南所说的
每日人民投票）为前提的。①

　　阿伦特进一步指出，这在拿破仑那里已经出现了。
"民族国家和征服政策之间内在的矛盾在拿破仑宏大理
想的挫折中清晰地暴露在光天化日之下。"② 拿破仑的
征服政策在各国催生出民族主义和独立运动。换言之，
从结果来看，拿破仑把法国革命传播到了各地。按照黑
格尔的话说，那才是"理性的狡黠"。作为民族国家之
延伸的帝国主义，其后也未能解决这一矛盾。有关拿破
仑三世的政治，也可以这样讲。他的征服政策与其意图
相反，不仅导致了德国的统一，也带来意大利的统一。
其后，从结果上看，赤裸裸的欧洲各帝国主义在世界催
生出许多民族国家。

　　但是，在欧洲，希望重建罗马帝国的企图并没有结

---

　　① 汉娜·阿伦特《极权主义的起源2：帝国主义》日译本，
东京：三铃书房，1981。
　　② 汉娜·阿伦特《极权主义的起源2：帝国主义》日译本，
东京：三铃书房，1981。

束，这植根于近代国家具有的内在问题之中。相对于罗马法和天主教会，近代国家始于作为主权者绝对主义王权得以自立，并且在军事上、重商主义上相互竞争的阶段。试图超越近代主权国家这一状态的志向，多少会令人想起"罗马帝国"，而实际上据此施行的却是一国对其他国家的帝国主义统治。尽管如此，民族国家不能放弃否定自身而走向"帝国"的动机。这正是民族国家自身的反复强迫症。毋庸赘言，今天的欧洲联盟就是这样一种"反复"。

6．作为周期循环的反复

马克思在《路易·波拿巴的雾月十八日》中，还论述了另一个 representation 的问题存在于资本主义经济之中。货币经济是象征性体系，其危机就是经济恐慌。马克思写道：1851 年的经济危机使资产阶级一下子转向支持波拿巴。这时，资产阶级寻求强有力的行政国家即作为皇帝的波拿巴，而不是自由主义 = 立法国家。从某个意义上说，他对此做出了呼应。如果补充一下马克思的论述，可以说作为皇帝的波拿巴其政策本身充满了矛盾。当时，资产阶级在经济政策上分为两派。一派意见是圣西门主义者米歇尔·休瓦利埃所提倡的，必须开放市场而把法国纳入世界经济当中去。同时，政府必须介入经济，振兴产业。另一派是保护主义者阿德鲁夫·提埃尔提倡的，维持以农业为中心的平衡体制。在这两派对立当中，路易·波拿巴本质上是个保护主义者，但在实践上他却作为圣西门主义者发挥了作用。换言之，他是作为消除乃至协调两者的严重对立而出现的。①

马克思把波拿巴作为消除各阶级对立的人物来把握。这个"对立"是关系到这一时期受英国经济压迫的法国固有的问题。同时，这也可以普遍化为全球资本主义和民族国家的经济对立。例如，牺牲国民经济的市场自由化还是保护国民经济这一对立，明显成为当下最大的政治争论的焦点之一。似乎完全为满足这些要求而努力的政治家可以称为"波拿巴主义者"。当然，他们未必是法西斯主义者。20 世纪 30 年代，在德国和日本产生了法西斯主义，那可以看作"波拿巴主义"的一种形式。把 30 年代发生的状况作为"波拿巴主义"来看，其有利之处在于可以解释发生在美国的事态。从左到右，受到所有党派、阶级、族群支持的罗斯福总统就是波拿巴主义者。那实际上破坏了传统的两党制这一框架。

《路易·波拿巴的雾月十八日》中涉及的 1851 年经济危机，是大约十年一次的周期循环的一环。马克思在《资本论》里研究的是这种短期的周期循环。这和 60 年为一周期的世界资本主义周期循环——康德拉季耶夫的

---

① 以上的分析依据下面的论文：坂上孝《第二帝政和国民经济观的两个类型》（河野健二编：《法国资产阶级社会的形成》，东京：岩波书店，1977）。

"长期波动"——不同。但是，导致周期循环的原理基本上是相同的。这关系到一般性的利润率下降和更根本性的技术革新的采用。它与世界性的恐慌——大萧条一起，导致了资本主义生产的支柱商品（世界商品）的更替，从棉花工业、重工业、耐用消费品，到信息产业，那不会不造成社会性的重新组合。长期性的周期循环之所以不能仅仅从经济层面来解释，就是因为这种结构论的因果性。

再重复一遍，在原理上这与短期性的周期循环是不一样的。应该把"资本的有机构成"作为飞跃性提高过程的一环来看。资本主义经济由此进入新的"阶段"。但是，新的"阶段"并非超出了《资本论》所提示的认识，即，资本主义经济的"界限"。资本的积累—扩大如果没有这种大萧条带来的暴力性重组，是难以实现的。而且，资本只有扩大才成其为资本，积累运动是不能停止的。而且，这不能仅仅局限在一国范围内来思考。马克思在《资本论》当中好像是以英国一个国家为样板似的。但是，他实际上研究的是世界资本主义。例如，他把海外贸易看作是第二位的。同时，他又指出没有海外贸易资本主义就不可能存在。例如，《资本论》第3卷当中，马克思论述"利润率倾向性降低"时，指出那是因为受到了海外贸易的阻碍。

　　投在对外贸易上的资本能提供较高的利润率，

首先因为这里是和生产条件较为不利的其他国家所生产的商品进行竞争，所以，比较发达的国家高于商品的价值出售自己的商品，虽然比它的竞争国卖得便宜。只要比较发达的国家的劳动在这里作为比重较高的劳动来实现，利润率就会提高，因为这种劳动没有被作为质量较高的劳动来支付报酬，却被作为质量较高的劳动来出售。对有商品输入和输出的国家来说，同样的情况也都有可能发生；就是说，这种国家所付出的实物形式的物化劳动多于它所得到的，但是它由此得到的商品比它自己所能生产的便宜。这好比一个工厂主采用了一种尚未普遍采用的新发明，他卖得比他的竞争者便宜，但仍然高于他的商品的个别价值出售，就是说，他把他所使用的劳动的特别高的生产力作为剩余劳动来实现。因此，他实现了一个超额利润。①

与马克思所讲的"贫困化法则"相反，英国的工人能够拥有某种程度的富裕是因为资本从海外贸易获得了剩余价值。贫穷化比起国内更多是产生于海外的人们当中。所以，用封闭的一个国家的模式来思考剩余价值是不对的。一般性利润率的倾向性降低和与此相对抗的

---

① 《资本论》第 3 卷第 3 篇第 14 章，见《马克思恩格斯全集》中文版第 25 卷第 264 页，北京：人民出版社，1974。

运动，不断导致资本有机构成的高度化和世界性的资本主义化。

海外贸易是针对"利润率低下"的退路，这一原理其后也没有什么本质上的变化。例如，在马克思晚年，发达国家的"利润率的普遍性低下"作为慢性的经济危机出现于发达国家，开始了"资本的输出"。那就是霍布斯和列宁所说的"帝国主义"，它导致了第一次世界大战。进而在20世纪30年代开始出现区域经济化，它导致了第二次世界大战。毋庸赘言，战后出现了美苏"冷战"结构。这种情况下，前苏联的经济崩溃很突出，但是，资本主义阵营从30年代持续下来的"大量生产、大量消费"的福特主义也达到了极限。那就是"利润率的普遍性低下"，靠一个国家为单位的政策是难以解决的。正如马克思所说的那样，海外贸易是不可缺少的。

于是，出现了"全球化"政策。那就是把落后国家全部卷入其中的自由贸易。它弱化了民族国家的框架，同时，也产生了对此的反抗。另外，先于民族国家而出现的"帝国"架构以别的方式复活了。这样，民族国家内在的反复强迫症与资本主义经济内在的反复强迫症相互重叠在一起。我认为，在《资本论》和《路易·波拿巴的雾月十八日》当中，马克思对反复强迫症进行了原理上的把握。

第二章　日本的历史与反复

1

　　历史的反复有两个意思。第一，人们在做一件新事的时候，会想起过去的人和事而对其进行反复。马克思在《路易·波拿巴的雾月十八日》的开头论述的就是这个意思。在面对不熟悉的事情时，人们试图用已知的知识来理解它，而实际上做的是别的事情。这其中存在着某种不可避免性。第二，尽管否定而且忘记了过去的事例，可是仍然会反复。这种强迫性的反复就是向"被压抑者的回归"（弗洛伊德）。这是作为形成近代世界的国家和资本的本性而发现的，也是不可避免的。

　　在此，我所尝试的是从这种"反复"的观点来研究近代日本历史。例如，20世纪30年代，在日本马克思主义者中间发生了一场被称为日本资本主义论争（也叫封建论争）的大论战。那是由"讲座派"和"劳农派"学者们掀起的，其背后存在着共产党（讲座派）和劳农党（劳农派）这两个政党及其路线的对立。尽管如此，因为这是作为合法的讨论以公共的方式展开的，所以，受到了知识分子的关注。其影响涉及多个领域，进一步触及了明治维新，或者说日本史的整体，以及从哲学到文学艺术的根本性问题。恐怕由此派生出的事件比论争本身还要大。包括这些问题，这场论争作为日本知识分子靠自己的力量致力于讨论日本的历史和现实，是很少见的一个例子，值得关注。

简单回顾一下，这场论争起因于下列意见的对立。讲座派的观点认为，明治维新还不是资产阶级革命，只不过是封建土地所有制的重组过程。其结果是，农村依然保存着封建半封建的土地所有制，其上存在着专制主义的天皇制，它一直束缚着资本主义的发展。劳农派的观点认为，明治维新是资产阶级革命，所以，从那以后，日本社会受到资本主义市场经济原理的限制。劳农派主张：看似封建性的地主和佃农的关系也是一种契约关系，与领主和农民的关系不同。高得出奇的佃租也不是依靠地主的封建性（经济以外的）强制，而不过是由于寻求租地的佃农人口过剩引起了佃租的高涨。通过由资本引起的农民层的两极分化，农民逐渐转变为薪金劳动者。所以，现存的封建关系早晚会被消灭掉。①

讲座派的观点是错误的，即把日本这个国家看作绝对主义国家，其基础依靠经济上的"半封建性土地所有"。所以，劳农派对讲座派的批判是正确的。但是，依据劳农派的观点，难以理解为什么会产生被称为"天皇制法西斯"的事态。他们关注资本主义经济的独立性，却无视国家这一层面是独立存在的。另一方面，讲座派关注国家这一维度，却无视资本主义经济的独立性。结果，把国家维度还原为"半封建的土地所有"。如此一来，讲座派和劳农派都未能理解国家这一维度。

这两派都是依靠马克思的《资本论》进行思考的。

---

① 这一资本主义的论争（封建论争）具有普遍意义。例如，讲座派从异常高涨的实物佃租中看到了封建的残余。但，劳农派的栉田民藏却指出：那已经是基于资本主义的契约关系了，只不过由于寻求租地的佃农人口过剩使佃租高涨。另外，他还指出作为实物地租的大米事实上起到了货币的作用。（《论我国的佃租之特征》，1931）这一观点40年后在拉丁美洲作为视其前资本主义"封建制"的拉克劳和对其进行批判的沃勒斯坦之间的论争而重复。沃勒斯坦认为：这种封建的外观是在世界资本主义背景下，形成于其边缘乃至半边缘地区的。（拉克劳《资本主义·法西斯主义·人民主义》日译本，东京：柘植书房，1985）例如，在世界资本主义中，其边缘地域可看到农奴制和奴隶制的形态。但是，那不是前资本主义的"残余"，而是资本主义背景下形成的制度。这是因为，劳动人口过剩的地方，劳动者被迫签订苛刻的劳动或者过低的工资契约。即，虽然生产方式看起来是封建性的或者奴隶性的，但那不是"经济以外的强制"，而是"经济性的强制"。

但是，他们把《资本论》作为历史书来读。例如，《资本论》将社会分为资本、土地所有和工资劳动这三个阶级。对此有两种不同看法，一方面有人认为任何国家都会经过这样相同的阶级分化；另一方则认为，这是以英国为楷模总结出来的观点，因而不能直接适用于落后资本主义国家，应该考虑多种多样的发展形态。但是，马克思在《资本论》中，所阐明的是作为经济范畴的阶级，而不是历史的或者现实的阶级。有关实际的阶级，马克思是如何敏感地对待其多样性的呢？读一读《路易·波拿巴的雾月十八日》就会清楚。这不仅仅适用于法国那样的落后资本主义国家，从这一点来看，英国社会也存在多样性，其政治过程也是复杂的。在此，多多少少地是"一切已死的先辈们的传统，梦魇一样纠缠着活人的头脑"。

马克思试图依靠《资本论》，通过其组织全社会的形式（范畴）来思考资本主义经济。所以，回溯到作为逻辑性起点的价值形态进行思考。这不是历史性的始原。在这样的工作中，国家被加上引号是理所当然的。马克思在此试图把握货币经济所具有的独立性一面。而且，由于埋头这项工作，关于国家，他几乎没有怎么研究。所以，马克思主义的国家论是把马克思从初期所做的片断性的分析收集起来重新组合的。但是，我认为应该重视《路易·波拿巴的雾月十八日》。

马克思为了弄清资本主义经济，在《资本论》中，从国民经济学（古典派）回归重商主义经济学，也就是从商人资本出发，重新思考资本。有关国家的思考也应该这样，从资产阶级国家回溯到专制主义国家。推翻专制主义国家而出现的资产阶级国家摆出一副与其无缘的面孔，但是，实际上，在那场危机中，他们唤回了杀掉的"国王"（专制主权者）。马克思在《路易·波拿巴的雾月十八日》中，提出的正是这个问题。这本书不是用系统的形式写的，所以，没有被作为国家论来阅读。但是，马克思关于国家的论述中只有这本书能够看到与《资本论》相同的方法。因此，没有认真理解《路易·波拿巴的雾月十八日》的马克思主义者，他们只能对有关资本和国家做出随意的解释，也是自然的。

讲座派把 20 世纪 30 年代的日本看作专制主义的国家，试图从经济上进行印证。例如，天皇是大地主这样的说法就是一个证明。可是，把拥有发达重工业的资本主义国家，并且经历过大正民主主义、存在依靠普选组成议会的国家称为专制主义，从半封建土地所有的角度对其进行解释，是很愚蠢的。不仅如此，他们甚至从中提出把打倒天皇制作为首要任务的政治方针，那简直是疯了。这样的运动之所以失败，不单纯是因为受到镇压。尽管如此，20 世纪 30 年代，人们期望一种"专制主义王权"式的东西复活却是不争的事实。那是一种被称为"天皇制法西斯主义"的事态。它不仅不是发生在半封建性的阶段，反而是在产业资本主义高度发展的阶段。但是，为了解释这一奇特的事态，需要马克思所不了解的新知识吗？正如前面论述的那样，他们稍微注意一下《路易·波拿巴的雾月十八日》就可以了。①

关于天皇制法西斯主义，战后处于优势地位的是顾及上层建筑相对自律的层面，而不是把它还原为经济基础的（广义的）马克思主义者。他们采纳了被以往的马克思主义者否定掉的学问如社会学、社会心理学、人类学以及神话学等学科，其代表人物是丸山真男。前面曾经讲过，这与法兰克福学派采用精神分析的方法是一样的。再次重申，他们缺少的是《路易·波拿巴的雾月十八日》和《资本论》的视角。马克思主义者了解波拿巴主义这一静态概念，并且还滥用过。但是，他们并

---

① 在日本资本主义论争中，劳农派忽视国家，而重视国家的讲座派则将其还原为经济过程。在劳农派系列中，猪股津南雄意识到国家和资本的不可分离性，但他只是从帝国主义的特征上理解的。相反，宇野弘藏从落后国家引进重工业优先发展金融资本主义的层面，看出日本资本主义和封建残余的问题。那不仅仅是由于资本主义发展的落后，正是因为发展才制造出"封建残余"。而且，在资本主义经济全面危机中，试图解决的也是国家。从这个意义上可以说人际关系上虽然属于劳农派，但宇野岂止是劳农派，他远远超过了讲座派而意识到国家的自律性和能动性。另一方面，神山茂夫虽然从人际关系上属于讲座派系列，但他批判了把国家还原为经济过程的讲座派，试图把握国家的自律性和能动性要素。（《天皇制的诸问题》，1941）所以可以说，日本资本主义论争最具有生产性观点的是宇野的资本主义论和神山的国家论。

没有观察通过代表制（议会）现出的动态"过程"，相反，附加了社会学和人类学等各种学问。可是其中缺少对于国家是如何存在的，又是具有何种反复强迫症的等等问题的研究。对关键的问题没有理解，为此，对于以后发生的事态也不能给予任何省察。

2

毋庸赘言，20 世纪 30 年代日本的政治形态和在意大利以及德国所看到的法西斯主义不同，它不可能存在拥戴国王的法西斯主义。所以，日本特殊地被称为"天皇制法西斯主义"，即使这样，还有人认为"法西斯主义"这个概念不恰当。但是，这些意见的差异来自于其学说或者没有实现的形态来观察之处，而我们需要的是从整个"过程"来观察法西斯主义。

一般来说，专制的政治形态被称为法西斯主义。这样的用法是错误的，甚至是有害的。之所以这样说，是因为这样的话就不能解释法西斯主义为何有魅力的问题。用一句话来概括，法西斯主义是针对俄国革命（社会主义）的渗透而进行的对抗式革命（counter-revolution）。它与反革命（anti-revolution）不同。法西斯主义本身是革命的，因此非常吸引人。法西斯主义不仅是反资本主义的，也是反国家性的。例如，意大利的墨索里尼在第一次世界大战中，在因为支持战争被开除之前，他是社会党的领导人，另外有许多无政府主义者加入了法西斯主义。也就是说，法西斯主义运动是作为针对国家和资本展开的。资本和国家最终接受了法西斯主义，是因为陷入民主主义或者单靠反革命镇压都无法解决的严重危机状态。但是，资本和国家接受了法西斯主义的时候，法西斯主义本身也必然变化。因此，我们不能单靠其主张和运动形态，或者其成功的状态来规定法西斯主义。它必须在整个"过程"中来考察。

德国的纳粹主义在初期是反资本主义、反国家的运动，运动形式也是武装暴动式的。但是，后来转为议会主义，而在获得权利的阶段还与资本以及国家勾结在一起。在这个过程中，纳粹发生了巨大的变化。这样一来，单从某个阶段上定义纳粹主义，不仅困难，且无意义。但是，如果从整个"过程"来看的话，马上就会发现下面这样的形态。第一次世界大战后，废除"国王"，在左翼革命流产后成立的魏玛共和国代表制中，希特勒成为总理，通过国民投票当上了"总统"。显然，这与路易·波拿巴当皇帝的"过程"是相同的。

我认为马克思在《路易·波拿巴的雾月十八日》中提取出来的那种"过程"，不仅适用于后来的德国，对于分析日本也是恰当的。马克思把从1848年革命到波拿巴当皇帝的"过程"看作对第一次法国革命的反复。那意味着第一次法国革命不仅是1789年或者其后的几年间，而且是直到拿破仑即位当皇帝的"过程"。同样，我认为可以把20世纪30年代的"天皇制法西斯主义"作为始于北一辉等农本主义者的运动直到近卫新体制确立的"过程"来看。

丸山真男指出日本法西斯主义不存在一个具有一贯意志的有影响力的主体人物。① 它就像节日的"神辇"一样，一个人抬一段，依次往下传递着抬。但是，从"过程"来看法西斯主义的话，不同的多个主体互相替换来实现一个目的过程，可以变换为相同主体不断改变面貌的过程。从实现"对抗革命"这一意义来看，主体是谁无关紧要。

而且，整个过程中，即从北一辉等人的运动到近卫文麿的"昭和研究会"，存在一个把他们联系到"一个目的"上的口号，那就是"昭和维新"。也就是说，那是作为明治维新的继续或者反复而被意识到的。那么，此时的明治维新是什么呢？当然这也必须作为"过程"来看。即，明治维新就是从德川幕府的大政奉还（1867年）到宪法颁布以及开设议会之时（1889、1890年）的过程。

明治维新当初被认为是对古代天皇亲政的复古。的确，那种古代的"服装"起了作用。事实上，国学系统的运动是明治维新的一个要素，其结果是，在维新之初古代的制度得以复活，还进行了"废佛弃释"运动。

---

① 《军国主义统治者的精神形态》，收于《丸山真男集》第四卷，东京：岩波书店，1995。

当然，还没有持续多久。① 那是因为掌握国家权力者的目标是确立近代国家和资本主义经济体制。明治维新过程中，古代的"服装"被灵活运用，日本也不例外。法国革命自不待言，英国革命（1648 年）中，"克伦威尔和英国人民为了他们的资产阶级讹诈革命，就借用过旧约全书中的语言、热情和幻想"（《路易·波拿巴的雾月十八日》）。明治维新中，重要的是让多数大名退位，废弃了封建制度。为此，维新的革命家们反过来利用德川体制以增强自己权威的"尊皇"思想，把天皇设计成专制主义王权。②

但是，明治维新并没有就此结束。其后，它以西南

---

① 岛崎藤村在《黎明前》中，描写了对于明治维新后国学家系列的革命家陷入失望和疯狂之中的形象。

② 有趣的是拿破仑一世和拿破仑三世（路易·波拿巴）都对明治维新给予很大的影响。拿破仑被明治维新的志士或者自由民权运动的活动家们视为英雄，这是不言而喻的。北一辉在《支那革命外史》中，把明治天皇比作拿破仑。正如拿破仑把法国革命扩大到欧洲一样，由此产生了他对日本入侵大陆就是把明治维新扩大到整个亚洲的解释（《北一辉著作集》第二卷，东京：三铃书房）。更有意思的是拿破仑三世。他支援德川幕府，寄来亲笔信提议推翻其他封建诸侯，自己当专制君主。勘定奉行（幕府的地方行政官僚——译注）的小栗忠顺就是按这一方向活动的。相反，萨摩、长州的革命家们抬出"天皇"，通过把天皇当作专制君主，剥夺了包括德川在内的大名的封建特权。另外，因为明治政府的领导者们在访问欧洲期间目睹了拿破仑三世在普法战争（1871）中的惨败和巴黎公社，所以，确定了以胜利者普鲁士为模板建设日本的方针。

战争和自由民权运动的形式继续进行。显然当事者是把它看作维新的继续和深化。结果，虽然经历了一些曲折，但是实现了宪法颁布和议会的开设。在这个时间点上，无论怎样看，日本都不可能是专制主义国家。因为近代国家和产业资本主义的体制已被建立起来，不久，随着甲午战争的胜利，日本过渡到"帝国主义"阶段。

明治天皇基本上是立宪君主，但并非英国模式，而是普鲁士模式的。在启动这种立宪主义和议会主义的同时，元老们设计了各种进行限制的机构。宪法上，其中之一是天皇对陆海军的统帅权。其结果，陆海军超越了议会和政府的权限。另外，作为宪法外的还有"教育敕语"，在元老们消失后的 20 世纪 30 年代，全都开始发挥出威力来。尽管如此，军队的专横跋扈因为本身是基于宪法的，所以，他们没能够停止宪法或者议会制。

有关基于宪法以及宪法外规定的天皇制的性质，一开始就存在意见上的对立。作为宪法学说，一种把天皇制看作绝对主权者的学说，另一种则看作立宪君主。但是，在大正时代，后者即美浓部达吉的"天皇机关说"大体上被接受。"大正民主主义"成立于此，1925 年议会通过了普通选举法。大正时代，因为天皇个人体弱多病，天皇是一个不太显眼的存在。从明治时期来看，那就等于"天皇"被杀掉了。从这个意义上讲，"昭和维新"就是召回明治的"天皇"，即，意味着以"天皇"的名义进行维新（社会改造）。推动维新的背景是第一次世界大战后的慢性萧条和俄国革命以后的社会主义运动的蔓延。

　　日本法西斯主义进程的第一阶段是陆军皇道派青年军官发起的"二二六"政变及其失败。其背后存在着因为这一事件被处死刑的国家社会主义者北一辉。北的理论贯穿在《国家改造案原理大纲》[1919 年出版，后改为《日本改造法案大纲》（1923）] 当中。"国家改造"，第一就是把大资本家超过一定限度的私有财产无偿国有化，把大地主超过一定限度的土地有偿国有化。第二，工人领到生产力再生产必需的工资以外，接受企业纯利润一半的红利，积极参加企业的经营管理。另一方面，他对外主张从亚洲到澳大利亚的领土属于日本。①

　　北一辉主张作为革命的手段通过政变发挥天皇的大权。他自己基本支持"天皇机关说"，《国家改造法案大纲》的开头，就把天皇视为"作为现代国家的总代

---

　　① 权藤成卿是与北一辉具有同样影响力的农本主义思想家。他以"社稷"（自治性、相互扶助性的农业共同体）为基础，试图否定国家和资本主义。权藤的观点并非北一辉的国家社会主义，而是更接近无政府主义。与无政府主义不同的是，作为"社稷"的象征，他抬出了天皇。虽然如此，那不是明治以后的天皇制，甚至不是古代大和朝廷的天皇，而是日本作为国家成立以前的天皇，即，仅仅作为氏族共同体的祭司那样的天皇。但是，他的这一超国家的天皇观念在现实中岂止把国家虚化了，反而是归结为天皇的神格化和国家的强大化。

表，代表国家"。另外，主张实现男子的普选制。对于北来说，强调天皇大权并不是要把天皇神化，而只能是实现真正"代表制"的一种方法。但是，作为这次政变的结果，军部的权力反而得到加强，从而加速了天皇的神化。以后，军部行使天皇大权（统帅权），开始采取独立于议会和政府的行动。这样，20 世纪 30 年代后半叶的日本处于议会（立法权）、政府（行政权）、国家机构（陆海军、官僚）分裂而难以收拾的境地。

统合这种分裂并制定出"总动员"体制的是近卫文麿。① 近卫为什么又是怎样做到这一切的呢？观察这一问题，就应该参照路易·波拿巴的例子。他是拿破仑的侄子，无论如何，拿破仑的余辉发挥着作用。但是，不仅仅如此。他还是一位高举圣西门的社会主义、产业主义的文人。尽管马克思在《路易·波拿巴的雾月十八日》中嘲笑过他，但是，必须承认波拿巴有一定的能力，能够网罗人才。事实上，他把法国重新发展为现代国家。从这个意义上说，最适合波拿巴主义这一概念的是近卫文麿。近卫是与皇室有关系的贵族。能够抑制滥

---

① 据说在 1932 年的"五一五"事件犬养首相被暗杀、政党政治终结、军部独裁表面化之后，近卫文麿讲过："为了尽快从军人手中收回政治，首先，政治家只有认识这条命运之路（即，世界经济区域化，建立"日满支"广域经济圈），对军人先发制人，实行为打开命运之门所需要的各种改革。忽视这条命运之路，即使光考虑抑制军队的蛮横，政治永远也不会回到政治家的手中。"（手记《我与元老重臣》）

用天皇统帅权的，除去近卫以外别无他人。加之，他还受到"皇军派"的支持。再进一步说，近卫原来是文人、社会主义者。实际上，他的智囊团（昭和研究会）里聚集了从哲学上定义"新体制"的三木清和提倡"东亚协同体"的尾崎秀实那样的马克思主义者。这样的马克思主义者试图通过进入权力的内部谋求现实的抵抗。另外，近卫受到引进前苏联五年计划的"革新官僚"的支持，还与对抗旧财阀的新财阀有关联。他和农民运动也有千丝万缕的联系。换言之，他受到了来自社会势力和国家机构所有方面的支持。

议会政党一致支持近卫。明治宪法下议会的力量薄弱，换言之，首相的力量很弱。于是，中野正刚依据美国的总统制提倡赋予首相特别权限。但是，议员们相信依靠近卫内阁能够收回议会的权力。不管怎么说，只有近卫能够限制军队。为此，所有议会政党自主地推进了辅佐议会——政党的解散与整合。由于旧右翼认为这是使近卫成为威胁天皇的（就像德川幕府那样的）存在而没有成功。具有讽刺意味的是，妨碍日本"法西斯主义"的是天皇制。但是，从对抗革命的观点来看，可以说近卫新体制完成了"昭和维新"。

近卫当了三次首相。第一次和第二次做出了攸关日本方向的重大决定。第一，1937年在成为中日战争开端的卢沟桥事件中，不求和平而扩大了战线。第二，1940年缔结了德意日三国同盟。这都是他个人的决断。

但是，不应该把近卫的"总动员体制"希望实现的目标只和战争结合起来。本来"总动员"是艾伦斯特·荣柯作为反省第一次世界大战德国的失败而提出的概念。那就是说，今天的战争中，没有军事和非军事的区别，所有一切都具有军事的意义，所以，仅仅依靠强化军事部门已经不能打赢战争。反过来说，"总动员"与其说是军事性的，倒不如说是产业性的。①

近卫的"新体制"既不是社会主义也非资本主义，既不是自由主义也不是全体主义。三木清称之为"协同主义"，并赋予其哲学的基础。这与其他京都学派哲学家和批评家所称呼的"近代的超克"没有什么不同。近卫的新体制包括北一辉曾经要求的"改造案"，那就是推进农地改革和财阀解体，强化工人的权益和参与。这些是对抗社会主义、"改造"资本主义的措施，从这个意义上讲，对应了从"帝国主义"阶段到"后期资本主义"的过渡。

---

① 野口悠纪雄批判性地指出：给战后日本经济体制带来许多特点的，是始于 1940 年的"战时体制"（《一九四〇年体制——别了，"战时经济"》，东京：东洋经济新报社，1995）。这个观点基本正确。但是，"战时体制"残存到战后这样的看法并不正确。这些改革是作为依靠法西斯主义的对抗革命实行的。而且，观察西班牙的情况就会明白，法西斯主义未必希望战争，也不是帝国主义的。因为要扬弃"资本家"，所以第二次世界大战后，尽管美国占领军推行彻底的非军事化和日本和平主义，但是，1940 年实行的许多改革依然得到了保存。

实际上，具有讽刺意味的是，他们包括土地改革、财阀解体的计划真正得到实施，是靠了战后美国的占领军。但是，战后资本主义的发展是在这样的"革新"基础上确立的。20世纪80年代迎来顶峰的日本"后现代主义"就是在战前的近卫新体制＝"近代的超克"中准备好的。但是，在胜利的那一刻，失败也已经开始。① 由于日本在"后期资本主义"阶段最能适应，所以，在向新自由主义＝信息产业阶段过渡的时候反而落

---

① 20世纪70年代至80年代，发生了新的"日本资本主义论争"。这与"左翼"之间展开的战前、战后的论争不同，是针对来自因日本的工业发展和出口攻势、非关税壁垒而感到困惑的美国企业界、政府或者学者的批判，为其辩护的日本企业、官僚和学者之间产生的争论。有趣的是村上泰亮等保守学者试图从封建制即藩＝家族的形态寻求"日本式经营"的起源。(《作为文明的家族社会》，东京：中央公论，1979) 这与战前的讲座派相反，是不折不扣并自豪地赞美"封建残余"的。但是，与可以看作"封建残余"的高额实物佃租形成于资本主义经济中一样，由论资排辈和工会组织参与经营等赋有日本特点的"日本式经营"也是资本主义经济下，在其危机中形成的。即，这始于近卫体制的"产业报国会"那样的制度。只是为消灭劳资对立、提高工人对企业的信赖度而采取的经营战略而已。80年代，因为企业互相持股而作为个人的股东没有力量的日本"法人资本主义"，被美国意识形态理论家批判为排他性，但受到了日本理论家的好评，认为这是扬弃了"资本家"的资本主义最高阶段。这原本也是在近卫体制中，为了禁止企业股东的分红和限制财阀的政策下形成的。90年代以后，这场"日本资本主义论争"由于日本经济的泡沫破灭和势力下降而自然消失了。

后了。

　　这样，日本近代史上的"反复"一旦剥离日本的特殊语境，就可以清楚那是作为世界资本主义反复的阶段性一环而存在的。资本制经济的周期循环是反复强迫性的。因为资本的积累和发展只有通过危机—萧条这一暴力性的淘汰来完成。前面，我对周期循环的"长期波动"进行了论述，指出它导致了资本主义生产的基础产业或者世界性商品的交替，即，从毛纺工业到棉花工业、重工业、耐用消费品，以及信息产业。这种变化导致了全社会的变化和重组，也导致了世界资本主义霸权国家的交替。之所以说长期的周期循环不能单从经济层面来解释，是因为这种结构论的因果性。在长期性周期循环的情况下，萧条也是长期的。而且，那不单是经济危机，而且导致国内、国际性的政治危机。例如，在20世纪30年代大萧条的情况下，实现了从重工业到耐用消费品（汽车和家电产品）的过渡。这个时期，开始了被称为福特主义的大量生产、大量消费的时代。但是，到80年代，这在发达国家已经达到饱和状态。汽车和家电产品依然是主要的世界商品，而其生产和消费的中心转移到了"中等国家"和"发展中国家"。相反，90年代以后，所谓"信息"产业成为支柱、尖端产业。

　　考虑到以上的情况，19世纪以后世界资本主义各个阶段大致如卜表所示。

世界资本主义各阶段

	—1810	1810—1870	1870—1930	1930—1990	1990—
世界资本主义	重商主义	自由主义	帝国主义	后期资本主义	新自由主义
霸权国家		英国		美国	
	（帝国主义的）	（自由主义的）	（帝国主义的）	（自由主义的）	（帝国主义的）
资本	商人资本	产业资本	金融资本	国家垄断资本	跨国资本
世界商品	毛织品	纺织工业	重工业	耐用消费品	信息
国家	绝对主义	国民国家	帝国主义	福利国家	区域主义

近代资本主义的原点在重商主义＝专制主义王权。尽管民族国家否定了这一切，但却从中继承了国民和领土。所以，超越民族国家的运动目标就是超越专制主义国家，从某种意义上讲，就是恢复旧世界帝国的原理。实际上，那只是作为民族国家延长线上的帝国主义。20世纪30年代，德国的"共同体经济"和日本的"大东亚共荣圈"就是这类形式。但是，在第二次世界大战后的美苏冷战结构被解体的90年代也产生了类似的情形。民族国家的框架被全球化市场经济弱化了。同时，它并不是被单一世界市场消解，而是创造出复数地域主义的组合来与其对抗。这种情况下，否定近代国家框架的地域主义即使唤起了近代以前的文明（世界帝国、世界宗

教），那也并不是因为那样的"残余制度"至今仍然根深蒂固。它只不过是在世界资本主义的现阶段所要求并被唤起的"想象的共同体"。

在此，显而易见，1868 年开始的"明治维新"始于全球化"自由主义阶段"末期，它是作为 19 世纪 80 年代面向前景化了的"帝国主义阶段"的急剧变革而存在的。20 世纪 30 年代的"昭和维新"应该是作为从"帝国主义阶段"向"后期资本主义阶段"过渡而展开的。关于在这次过渡中采用了什么样的话语，我将在第二部论述。

第二部

近代日本的历史与反复

第一章　近代日本的话语空间——1970 年 = 昭和四十五年

> 世上没有什么事是可以完全解决的，只要发生了就会永远持续下去。只不过由于变化多端，自己也认不清楚，别人也看不出来而已。
>
> ——夏目漱石《蹉跎岁月》

1. 历史断代

在日本，昭和这个词或者与昭和这个时代相关的叙述突然开始泛滥起来，那是 1987 年夏天，天皇生病的消息被曝光以后的事。1989 年初，"昭和"结束了。叙述"昭和终结"的话语不厌其烦地被消费以后，昭和就结束了。结束以后，人们才会意识到昭和的存在，其历史的回顾也就开始了。但是，把一段历史用年号区分开来具有怎样的意义呢？

日本的年号自明治以来确定为"一世一元"，在此之前，却是频繁地更改年号。更改年号的理由可以列举出祥瑞、灾祸，甚至基于预测学说的辛酉以及甲子的改元。也就是说，改元是巫术或者祭祀性的，目的是为了通过一代（世）的"死亡而获得再生"。这种机能并不是依靠"一世一元"变化的。明治、大正、昭和这样的区分其自身就构成了具有开始和终结的代（世）。但是，这样的区分只在国内通行，许多时候，会令人产生错觉。

例如，我们经常采用明治文学和大正文学这样的说法。于是，就会浮现出一个完整的意象。对于江户时代的理解也一样，一提到元禄或者文化文政的话，似乎就觉得很清楚。听到用西历的表述就一时反应不过来。然而，这样的理解会把我们封闭在奇特的错觉当中。这样的错觉单纯用西历来思考理应清楚明了，但是，并非如此。1975 年，我在耶鲁大学教授明治文学的时候，意识到了这个问题。例如，在日本"近代文学"确立于明治二十年代至三十年代。可是，在那之前，我并没有考虑过这一时期西方称为"世纪末"，也未想过大正时代与第一次世界大战（大正三年）以及俄国革命（大正六年）是同一时代。尽管，我对每一段历史都很熟悉，但是，未曾"同时"思考过这一切。而且，我至今还坚持着这一时期所发现的"视差"。

依靠明治、大正、昭和这些年号来区分历史，就会组成一个独立的话语空间，而忘却了与外部的关系。如果是这样的话，全部放弃用年号的区分而用西历来思考即可吗？然而，也行不通。"明治文学"并不能单纯用19世纪和20世纪这样的概念来叙述，舍弃明治这个固有名词的话，就会使某些东西消失。但是，这并非意味着日本存在着独特的"位相"或者封闭在内部的时间和空间。相反，这个固有名词包含着与外部的关联性，不允许内部的完结。而且，"明治的"或者"大正的"未必与天皇的在位时期严格对应。我们称呼"明治的"或者"大正的"，只要它们象征某一段历史的结构，就可以说它是确实存在的，废弃这样的名称就等于舍弃了这一段历史。

这并非局限于日本。例如，"伊丽莎白王朝的戏剧"这一称呼，不同于16世纪后期到17世纪初期的英国戏剧，尽管有些模糊，但它提示了一个完整的政治和社会性的关系结构。这一作为惯例的称呼与根据王朝史来看历史也不同。即使是同一世纪的同一欧洲，每个国家的国民都生活在各自不同的"语言空间"里。例如"18世纪西欧的思想"这一类书，全都是关于英国、法国、德国的叙述，完全不顾这一时期其他地域如芬兰人与波兰人是如何生活的，又是怎样思考的。但是，每个地域都有其各自固有的话语空间，一定也有时代的划分。用西历思考的时候，这一切就会失去。

另一个重要的问题是，西历看起来好像是一些单纯的序数词，其自身包含故事性的分节。那是因基督教的故事而赋予了意义。而且，百年（世纪）和千年（千禧年）附带着特殊的祭祀仪式的意思。单纯是序数词的话，不可能存在"世纪末"。但是，世纪末的观念，不仅赋予事件"世纪末"的意义，而且，确实产生出了"世纪末"的现象。即便不是这样，用18世纪、19世纪、20世纪这样的百年区分法去看历史时，已经形成了故事性的区分。也就是说，用西历思考问题时，我们会被封闭在把一个故事看作具有普遍性的思考当中。

当然，西历也不可缺少。不过，那就像国际计量单位体系一样，必须删除基督教的意义。只要各地的时代划分单纯基于各自"世界"的话语空间，西历就是不可少的。另一方面，普遍的世界只有作为这样众多的"世界"相互交融的、诸多关系的总体才能成立。

我指出了根据年号划分时代会产生错觉。但是，需要注意的是任何划分都可能产生错觉。例如，有的人坦然地使用战前和战后这一区分法。的确，第二次世界大战是一个分界，使其后的美苏二元体制终结而表面化的1989年的事件也是一个分界。但是，这些分界既非全部，也不是最重要的。由于战败，日本发生了变化，但是，有的领域却没有任何变化，还有很多明显的变化，实际上战前、战争期间就已经发生了。如此说来，应该否定这些分界吗？

可是，分界对于历史来说是不可缺的。分期，也就是找出开始和终结，有利于理解一件事的意义。可以说历史学大都在围绕分期而争论。这是因为，分期本身可以改变事件的意义。例如，提出"中世纪"这个概念的是 18 世纪德国的一个平庸的历史学家，可是，后来的历史学家围绕"到何时为中世纪"这一分期问题，争论至今。有人认为"中世纪"到 18 世纪为止，因此连牛顿也是中世纪的人；另一些人则认为近代始于欧洲的 12 世纪。但是，他们并未放弃"中世纪"这一分期法。

今天人们经常谈及知识（福柯）或者范式（库恩）这样的区分。另一方面，也存在一些学派（年鉴学派），他们要在一些没有明确区分的领域中认识历史。然而，历史事实本身并没有特别的变化。通过"范式"给作为体系化、教科书式的知识而讲述的科学带来了非连续性的区分；而"知识"所叙述的与通过超越性主体和理念进行的区分相反，重建了作为事件的话语所编织出来的非连续性的移动界限。两者均排斥了目的论观点。但是，既然任何分期其本身都会找到开始和终结，这样的观点也就难免陷入另外的目的论。

年鉴学派与显而易见的政治性历史分期相反，关注微分领域的变迁与交错。最终，它也提出了另外一个区分，由此改变原来的区分 = 意义价值。但是，更长的分期如新石器以前与以后这种分期也是可能的。由于几年、几十年、几百年、几千年等时间性角度，不仅时代划分有了不同，历史的对象和意义也会不同。但是，并非说哪一种划分就处于优势。列维-斯特劳斯指出："历史是在许多历史领域形成的一个不连续的集合。"（《野性的思维》）换言之，"历史是一种方法，并非存在一个与此对应的清晰的对象物"。但是，人们依然在围绕"方法"争论不休。

我对这样的争论不感兴趣。我的兴趣在于根据不同的时代划分所看到的不同事物之间出现的"视差"，以及从中可以看到些什么。具体地说，我要从按照西历思考和按照日本的年号来思考所产生的"视差"中，找出历史的某种反复性结构。

2. 明治与昭和

前面已经讲到，"明治"和"大正"既没有与天皇的在世期间严格地对应，与天皇个人也没有关系。天皇只是一个"象征"。"昭和"也一样。维特根斯坦指出，语言的意义在于其用法。所以，看"昭和"意味着什么时，只要观察它是怎么被使用的就可以了。"昭和"结束的时候以及结束以后，人们不约而同地开始回顾"昭和史"。但是，此时，人们全都忘记的是，至少在1987 年之前，"昭和史"这个词指的是第二次世界大战之前的时代，并不包含战后。如同昭和史和昭和文学论那样，人们写了大量的带有"昭和"年号的书和论文。这些一般都是有关战前的著作，有关昭和二十五年以后则往往附带"战后"这一名称。而且，到了1965 年以后，甚至连"战后"这样的词也都不用了。有人提出"战后文学的终结"也是在这一时期。与此平行，"昭和"这个词作为时代划分已经不具有意义了。

例如，"昭和初年"或者"昭和十年代"这样的说法很流行，这种说法可以用于到"昭和三十年代"为止的时期。很少听到有人讲"昭和四十年代"。之所以如此，是因为"20世纪60年代"这一说法已经与"昭和三十年代"相重叠，而且，此后称呼"70年代""80年代"已经很普通。"昭和三十年代"（1955—1965）和"20世纪60年代"不仅时期上相差五年，而且，语感也大不相同。后者是从国际视野来看，相反，前者延续着明治以来日本的语境。两者同时共存的是"昭和三十年代"。

例如，1970年前后的新左翼运动是根据"世界共时性"的意识而展开的。从此往回看，"1960年的安保斗争"只不过是开端。但"1960年的安保斗争"与新左翼运动是不同的。那是一场集中地重新质疑明治以来各种问题的斗争。理解到这一点是很久以后的事，当时才18岁的我完全没有考虑到这些。我既没有理解把安保斗争看作"民主还是独裁"的竹内好的观点，也没有弄清楚执著于"日本浪漫派"的桥川文三的意图。我从其中解读出的充其量不过是"前近代性"在战后的残余，或者复活。也可以说，我完全是在用"西历"来思考历史的。

这和我未能理解 20 世纪 60 年代三岛由纪夫的政治变化，也是相关联的。1960 年竹内好提出的是昭和十年代问题，更进一步说，是明治十年代的问题。因为昭和十年代的思想问题在某个意义上，是明治十年代的再现（re-presentation）。例如，昭和十一年的"二二六"事件是继承明治十年的西乡隆盛的精神，作为彻底推行明治维新的"昭和维新"而被表述的。下面我们把明治二十年以后与昭和二十年以后做一比较。

明 治

（十年 西南战争）

二十二年 宪法颁布

二十七年 日清战争

三十七年 日俄战争

四十三年 吞并韩国、大逆事件

四十四年 修改条约

四十五年 乃木将军殉葬

昭 和

（十一年 "二二六"事件）

二十一年 新宪法公布

二十六年 媾和会议、日美安保条约

三十五年 安保斗争、新安保条约

二十九年 东京奥运会

四十三年　全共斗运动

四十四年　冲绳返还

四十五年　三岛由纪夫自杀

　　在此，可以发现用西历思考时看不到的平行性。这里异常显著的呼应关系显示的全都是日本确立近代国家体制，实现经济发展，修改不平等条约，成为与西方列强并肩前进的国家的过程。① 但是，第一，明治与昭和的这种平行性不仅在日本内部，而且应该从世界资本主义阶段性过渡的观点来看。单纯把明治与大正相加是60年，这造成了昭和的"明治"之反复。

　　第二，这种平行性意味着日本处在西洋和亚洲之中而产生的各种关系结构基本上没有变化。换句话说，称为"明治的"或者"昭和的"可以作为这些关系结构的显露。而且，大正时期（1911—1925）与20世纪70年代的话语空间类似，是因为这一时期伴随某种成功感，产生了自给自足的内面化，这种外在的关系结构被忘却了。

---

　　①　在1936年希特勒作为"民族的庆典"而加以利用的柏林奥运会之后，1940年决定召开的东京奥运会——当然会成为宣传"大东亚共荣圈"的庆典——由于战争而中止。所以，1964年东京奥运会的召开对日本来说，在政治上具有很大的意义。而且，配合奥运会召开所开通的东海道新干线实际上是战争期间用于军事目的而计划的，故算是迟到一步的实现。

3. 近代日本的话语空间

20 世纪 50 年代末，竹内好试图重新评价"近代的超克"这一战争期间臭名远扬的座谈会。这和今天舍弃政治性的语境去评价西田几多郎以及京都学派"近代的解构"的做法是不同的。竹内把这个问题看作试图彻底解决明治以来近代日本所存在的充满矛盾的诸多问题而导致的失败，他认为不能简单地否定，而是应该重新研究。

"近代的超克"可以说是日本近代史中难以逾越之难关的凝缩。复古与维新、尊王与攘夷、锁国与开国、国粹与文明开化、东洋与西洋，这些在传统的基本坐标上所包括的对抗关系，到了总体战争阶段，面对解释永久战争理念这个思想课题的逼迫，而一举爆发出来的，就是"近代的超克"的讨论。所以，在这个时间点上提出问题是正确的，而且也受到了知识分子的关注。而其结果不很理想则另有理由。即战争的二重性格没有被分清，也就是说，难关作为难关没有成为认识的对象。为此，他们没能创造出足以转化利用保田思想之破坏力强健的思想主体。结果，好不容易呈现出来的难关云消雾散，"近代的超克"仅仅成了国家战争思想的解说。而这个难关的消解则为战后的虚脱以及日本沦为殖民地化准备了思想基础。①

"战争的二重性格"是指，对日本来说，第二次世界大战一方面是对亚洲的侵略战争，同时又是把亚洲从西方列强手中解放出来的战争。换一种说法，这既是"太平洋战争"同时也是"大东亚战争"。然而，这种二重性格的"分解"本身很危险。因为，这是不可能分开的，不能肯定一面而否定另一面。竹内的理论也非常冒险。他以前的民族主义论当中也充满了这样的冒险。

> 倘使无论如何也要获得民族主义的话，应该怎么办呢？假如避开极端民族主义则无以获得民族主义的话，唯一的途径就是回过头来从极端民族主义当中引导出真实的民族主义。从反革命当中引导出革命。②

竹内好肯定"近代的超克"，也就是京都学派和日本浪漫派，所依据的正是同样的逻辑。这几乎是宗教性的逻辑，即，未经历作恶就不能获得救赎。不过，近代

---

① 竹内好：《近代的超克》，收于《近代的超克》，东京：富山房百科文库，1979。

② 竹内好：《民族主义与社会革命》，1951 年作，收于《竹内好全集》第 7 卷，东京：筑摩书房，1981。

日本的确是被置于这样的逻辑结构中的。明治维新通常被看作是 1868 年德川政府被推翻而建立了明治政权的一个事件，但是，我们应该视此为直到帝国宪法的颁布（1889 年＝明治二十二年）和国会开设之前的一个过程。在这个过程当中，显露出竹内好所说的"复古与维新、尊王与攘夷、锁国与开国、国粹与文明开化、东洋与西洋"这样一些充满矛盾的问题，而且，其后亦一再被重复。

国权

II	I
帝国主义	资产阶级国家
亚洲主义	民主主义（社会主义）
III	IV

亚洲　　　　　　　　　　　　　　　　　西方

民权

我想用由两个坐标轴构成的坐标空间来表示。图表中的一条轴线是"国权"或者"民权"。这是明治维新时相互纠缠的两个志向。明治维新既然是革命，那就必然也是"民权"的；既然是为了对抗西方列强而追求主权国家的独立，那便是"国权"的。明治维新初期的体制，只是处于萨摩和长洲出身的革命指导者拥戴天皇掌握政权的状态。它消除了封建体制的基础，创造出私有财产和资本主义的经济体制。但是，权力者本身依存于封建的基础，而且，残留着与新体制对抗的旧士族。从这个意义上讲，这一时期的体制可以称为"绝对主义王权"。

从萨摩、长洲垄断的国家权力中被排挤出来的旧士族针对政府展开了"自由民权运动",要求开设国会。明治十年代,这一运动在民众当中逐渐蔓延。明治十四年,政府在镇压这次运动的同时也答应颁布宪法和开设国会。为此,许多人起草并宣传自己的宪法。这些宪法大都是根据英国的立宪政治或者法国革命的理念。但是,实际上,政府以伊藤博文为中心根据普鲁士宪法制定了"大日本国宪法",于明治二十二年(1889年)单方面予以公布,由此形成了近代国家的外观,但是没有实现"自由民权"。然而,自由民权运动的活动家们大多与"国权"派妥协而转变了运动的方向。另一方面,如中江兆民所代表的那样,"自由民权"扩张而转向了"社会主义"。

以上的事例用"西历"来看也可以理解。但是,让事态变得复杂的是还有另一条坐标轴线,那就是"西方与东方(亚洲)"。换言之,即走向西方还是走向亚洲?明治维新当初是为了对抗西方的殖民主义而发生的,所以,本质上是反西方的。倡导西化只是为了与西方斗争,这种类型的人物不在少数。始于本居宣长那种"国学"式的民族主义,仿佛是明治维新的原动力。然而,毋宁说更有力量的是像西乡隆盛那种基于汉文学和儒教(阳明学)的革命理念。他们无论在文化认同上还是政治理念上,都希望亚洲联合起来以对抗西方。这集中表现在后来参与了印度独立运动的冈仓天心下面这句话上：Asia is one。(《东洋的思想》)

明治维新以后，这个问题表现在政府内部的尖锐对立上。例如，明治维新的最高领导者西乡隆盛提倡"征韩论"，这被视为日本帝国主义侵略的开端。但是，未必如此。西乡主张的是为避免西方列强的殖民地化，应该强迫朝鲜打开国门进行现代化。这与托洛茨基以及格瓦拉思考的没有欧洲和中南美洲的革命，其自身的革命就不会存续的想法相类似。革命的输出才是革命的防卫。在明治时代，把亚洲各国从西方列强的统治下解放出来，即"输出"明治维新意味着对日本自身的防卫。后来，有一批从自由民权运动中走出来的活动家基于这样的观点为帮助中国革命而四处奔走。这就是亚洲主义者，他们把西乡尊崇为先行者。

另一方面，在明治政府中，与西乡平级处于权力中枢的大久保利通和伊藤博文则排斥了西乡的征韩论。他们认为与亚洲的革命和解放相比，强化日本这个国家是先决条件。西乡从中央政府下野于萨摩发动叛乱后死亡。这就是西南战争（明治十年）。然而其后不久，明治政府出兵朝鲜，开始推行名副其实的"征韩论"。这就归结为日清战争（明治二十七年＝1894 年）。在这个时间点上，西乡作为帝国主义的祖师爷而被人们想起来。

　　但是，西乡在相反的方向上也被作为祖师爷受到追忆。那就是作为与国权相对立的自由民权，与帝国主义相对立的亚洲主义的象征。问题不在于哪一方是正确的，重要的是西乡所拥有的"双重性格"。竹内这样叙述道："把西乡看作是反革命，还是永久革命的象征？这不是一个可以简单处理的问题。但是，如果不和这个问题相关联的话，就很难定义亚洲主义。"① 但是，这样的双重含义不可能是西乡个人的问题。日本作为亚洲的一个国家，为了避免殖民地化而追求激进的西方化，在获得独立地位的同时，与西方列强并肩对亚洲进行帝国主义侵略，正是这样充满矛盾的路线，不仅使西乡，而且让许多人不能不具有复杂的位相。

　　我要在两条坐标轴所构成的坐标系上，对其进行考

---

　　① 《日本的亚洲主义》，见《竹内好全集》第 8 卷，东京：筑摩书房，1981。

　　例如，竹内把西南战争称为"第二次维新"，从西乡身上发现了"永远革命"，还找到了亚洲主义的始祖。但西乡是主张"民权"而下野的，可是，他的叛乱没有"民权"的要素。西乡的军队由旧武士组成。在这一点上，西南战争仅仅是不满意近代国家体制的旧士族的反叛。叛乱被西乡自己创建的由平民组成的帝国军队轻而易举地粉碎了。从某种意义上讲，西乡通过给旧封建势力提供最后的战场而最终收拾了他们，也可以说他协助巩固了新的国家。马克思曾说：悲剧是为了和过去愉快的诀别而存在的。

察。坐标的右半部分是以西方化、脱亚为目标。① 以普
鲁士为楷模的国家主义位于第Ⅰ象限，第Ⅳ象限有基于
法国大革命的民主主义。坐标的左半部分与亚洲相关，
其中，第Ⅱ象限是帝国主义，第Ⅲ象限为亚洲主义。当
然，作为"民权"的延伸，亚洲主义追求的目标是亚
洲的解放。另一方面，作为"国权"的延伸，帝国主
义的目标则是对亚洲的统治。

但是，很难把某个个人放在这个空间里，因为个人
在这个坐标中是不断旋转的。近代日本的话语空间之所
以错综复杂，原因就在于此。例如，自由民权论者（第
Ⅳ象限）在明治二十年代以后，大都转变为"国权派"
（第Ⅰ象限），进而又转变为帝国主义（第Ⅱ象限）。对
此，中江兆民这样讲道：

> 我们如此讲的话，深通世故的政客必定得意洋

---

① 这样的问题绝不是日本特殊的现象。无论哪里的近代民
族国家都是分别从先在的世界帝国——此处有世界宗教、世界语
言（拉丁语、阿拉伯语、汉语、希腊语等）通用——中独立而形
成的。在这一过程中，否定旧帝国的法律、宗教、文化而在民族
中形成了以固有的"共感"为基础的民族主义。在日本，那就是
本居宣长的"国学"。另一方面，也有从以前的世界帝国（文明）
的共性寻求超越近代国家和资本主义钥匙的动向。在欧洲这种动
向很早就出现了，现在亦有。这种地域主义的动向虽说正如过去
那样有最终归结为"帝国主义"的担心，但不会停止。同样的问
题也适合用来说明"亚洲主义"。

洋地声称：那是十五年前陈腐的民权论。在欧美各国盛行帝国主义的今天，仍捧出民权论，那是不了解世界的风潮，民权论乃落后于时代的理论。——然而，作为理论即使陈腐，实行起来也会新鲜。逻辑明了的理论在欧美诸国自几十年上百年前实行，即使在那些国家已经变得陈腐，而在我国，作为理论刚刚从民间萌芽，就被藩阀元勋以及自私的政治家扼杀，消灭在理论的状态中，所以，作为言辞即使非常陈旧，但是，作为实践却很新鲜。作为实践新鲜的，作为理论却是陈旧的，这到底谁之罪？①

中江兆民写下这段话是在 1898 年，即，以日本帝国主义对朝鲜进行干涉为契机开始日清甲午战争的四年以后。但是，代替民权论的新"理论"乃是支撑帝国主义之"优胜劣败"的社会达尔文主义。"十五年"前提倡"民权"的人，在这时一齐转变方向，嘲笑民权论为"不通世界风潮，落后于时代的理论"。另一方面，尊崇西乡的亚洲主义者，即追求亚洲革命和解放的那些人，玄洋社是其典型，也在亚洲主义的外表下转向了帝国主义。

这样的坐标在昭和时期又一次重复出现。与明治时期不同，这一时期产业资本主义已经深入而阶级对立明

---

① 中江兆民：《一年有半》，东京：岩波书店。

显地暴露出来，而且帝国主义的扩张也在进行。其中，对抗国家和资本主义的运动则以马克思主义者为代表，这是众所周知的。在这种情况下，可以说马克思主义者属于第Ⅳ象限。他们是近代合理主义的，由于把亚洲看作落后国家，所以完全没有"亚洲主义"的要素，也就是广义上的"脱亚"派。然而，他们受到镇压而被迫转向的时候，多数转到了第Ⅰ象限和第Ⅱ象限，转向亚洲主义的也不少。

另一方面，第Ⅱ象限中出现了农本主义者。他们反对资本主义，反对近代国家以及马克思主义式的集权主义，所依据的是农业共同体（社稷）的理念。其中，一方面与天皇制法西斯主义有关联；另一方面，因为这样的共同体从根本上与亚洲一带密切相连，以此为基础又形成了"亚洲独立"的观念。当然，这只是一种理念，实际上他们的运动被吸收进了帝国主义式的占统治地位的意识形态之中。这样，亚洲主义和帝国主义融合在了一起。①

其次，比这样的转向重要的是第二次世界大战后的再度"转向"。例如，从Ⅱ到Ⅰ或者Ⅳ，或者从Ⅲ到Ⅰ或者Ⅳ。也就是说，从左半边向右半边转移，战后的话语空间仅仅由舍弃了"亚洲"的领域，即坐标的右半

---

① 曾是近卫智囊的马克思主义者尾崎秀实提倡"东亚共同体论"，其主旨最终被偷换成美化日本帝国主义统治的"大东亚共同体"论。

边构成。不管是侵略还是解放，再也"不要染指亚洲"的禁忌支配了整个话语空间。实际上，日本进入亚洲而扩大经济上的支配，超过了战前。但是，在话语空间中，左半边可以说处于"下意识"状态。

竹内好批判的是战后的话语空间。"大东亚战争的侵略性一方面是任何强词夺理都不能否定掉的。但是，憎恨侵略之极，甚至否定通过侵略的形式而表现出的亚洲一体感，那岂不是和洗澡水一起把孩子也泼出去吗？因此，日本人永远不能从丧失目的感中恢复过来。"①竹内在 1960 年讲过的这番话并非为了强调同情亚洲。他的观点认为，亚洲（尤其是中国）的停滞不前是由于要"抵抗"西方文明。相反，日本之所以获得了文明化的成功是因为没有"抵抗"，因为原本就没有"自我"。竹内的"亚洲主义"是在质疑日本人的文化认同。

但是，1970 年以后，竹内的批判被消解了。例如，在 20 世纪 70 年代的经济发展中，没有"自我"反而受到积极的评价。正是因为这样，日本才走在消费社会、信息社会的"超西欧式的"前沿。的确，存在一种"谓语同一性"，那就是没有"自己"（主语），不存在作为主语的自我同一性。但是，无论接受什么都不会受

---

① 《日本人的亚洲观》，收于《竹内好全集》第 5 卷，东京：筑摩书房，1981。

任何打击，也不会产生混乱。西田几多郎把它称为"谓语的逻辑"或"场所的逻辑"，从中看出了天皇制的本质。在这个意义上，1970 年以后，忘掉"昭和"与"明治"而开始生活在世界共时性之中，毋宁说，这时天皇制的结构（零度符号）开始发挥了作用。

4. 大正的特点

1970 年以后，公文除外，"昭和"这一年号一般不再使用。这并非意味着日本人脱离与天皇相联系的本土视角，而开始用国际视野看问题了。相反，在上述话语空间中，封闭在消解了第 I 象限以外的所有象限的层面上。但是，这并不是第一次。从某个意义上说，也在大正时期发生过。如果说"昭和"重复了"明治"的话，昭和四十五年以后的时代则重复了明治四十五年以后的时代，即"大正"时代。

正如"昭和"实质上在三十九年（通过东京奥林匹克运动会的召开向国内外显示了战后日本的复兴）已经终结一样，"明治"在三十七年（日俄战争）也早已结束。日俄战争后才开始写小说的夏目漱石从自然主义占统治地位的文坛来看，他只能算上一个时代的人。漱石在伦敦全力以赴投入写作的《文学论》，在他们看来也只是陈旧而土气的工作。此时，漱石站在东洋文学和西洋文学这样性质迥异的立场上。所以，他把文学作为"科学"，试图在同一个基础上，即语言这一物质的 =

社会的层面上进行对象化。而且，此时的漱石提到"东洋文学"而没有讲"日本文学"。但是，对于大正时代的知识分子来说，西洋、东洋、日本之间并不存在令夏目漱石那一代"明治"知识分子苦恼的质的差异和紧张。差异只是量的或者阶段性的。在这个延长线上出现了马克思主义者，他们用世界共时性和同质性的意识来看问题。这样，他们开始从普遍性（实际上是按照西欧中心的模式）的观点来解释明治维新之前的日本历史。

但是，在直到日俄战争之前的时代里不存在"世界共时性"的意识，那完全是因为正视了这个问题。日俄战争给西方殖民统治下的亚洲和世界各国带来了"同时性的"影响。非西方国家战胜了俄国这样的大国，是值得震惊的事件。但其后的日本自己作为"一等国"加入到西方列强的行列中，与此同时失去了明治时代一直具有的对外的紧张感和对亚洲的连带感。

在大正时代日本的战争即第一次世界大战中，缺少来自同时性的紧张感。那只是一种隔岸观火。日本在这场战争中只坐收渔翁之利，并未与欧洲共同拥有这场战争所带来的破坏性意义。不仅如此，日本对待亚洲也和西方列强一样，是作为一个帝国主义国家而行动的。但是，相比而言，在国内，世界共时性和人类视角的意识增强，同时，开始强调独立于海外的"日本式的东西"。从文学上来说，"私小说"的成为主流就显示了这一点。

日俄战争后，"日本式的东西"来自于对西方的紧张感不足及因实现了"脱亚"而产生的自满意识。值得注意的是，福泽渝吉的"脱亚论"和冈仓天心的《东洋的理想》都是在未出现这种自满意识以前的紧张关系当中创作的。① 但是，大正时期以后，它们开始具有相反的意义。例如，冈仓天心在日俄战争（1903 年）之前用英文写作的《东洋的理想》中，是这样讲的：

> 连绵不断的主权这一独特的恩赐，未被征服的民族的自豪感、自信心，牺牲了扩张发展，保护、培育了祖先传来的思想、本能的岛国孤立聚合在一起，使日本成为真正的信托亚洲思想和文化的仓库。……这样，日本成为亚洲文明的博物馆，而又不仅仅停留在博物馆阶段。日本民族非凡的天分不

---

① 明治政府以普鲁士国家资本主义为典范，自由民权派以法国革命为理想，相反，福泽渝吉参照英国的政治和经济。他决定在自己设立的私立庆应义塾培养新一代，而不是德国式的帝国大学。福泽原本从德川时代研究兰学时起，就对占统治地位的儒教观念怀恨在心。只要不否定儒教，就不会有新社会，这是他的信念。福泽当初期待朝鲜和中国发生变革，但发现这两个国家没有任何变化，故对儒教统治的亚洲产生绝望，而著文提出我们要走出这样的亚洲。后来，他以"脱亚论"而著名，但在同时代几乎没人知道。福泽思考的根本是确立民族国家。但是，民族国家扩大的话就会成为帝国主义。他未曾提倡帝国主义。尽管如此，他认可了日本经过甲午战争于亚洲成为帝国主义这一事实。

失旧事物，欢迎新事物，依靠活生生的非二元论精神努力维持过去的理想之所有局面。……日本艺术史本身就成为亚洲理想的历史。——每当东洋精神的波涛拍打日本的国民意识之岸时，沙地上就会留下波涛的痕迹。①

但是，冈仓的以上叙述是在对印度、中国进行长篇大论之后。而且，日本的特权性并非出自其国粹的独自性，而是成为保存了与亚洲交流之结果的"仓库"。这样的认识与排外性的民族主义没有关联。这是在与亚洲的合作中为日本定位。而本书当初也是为亚洲的独立而创作的。进一步讲，那是为亚洲人和西洋人创作的，事实上，直到翻译成日语之前，该书在日本鲜为人知。竹内好对冈仓这样评论道："处于这个位置的他毋宁说是一个被日本这个国家边缘化了的超越价值的使徒。因为日本国不听他的呼吁，所以他要面对世界诉说。此处的美＝精神＝亚洲所占据的场所与内村鉴三的信仰相等。"②

就基督徒内村鉴三来说，日清战争之际，他曾用英文写过为日本辩护的文章。战后不久，他意识到这是帝国主义的行为，于是作了自我批判。后来，在日俄战争

----

① 《东洋的理想》日译本，东洋文库，东京：平凡社。
② 《冈仓天心》，收于《竹内好全集》第8卷，东京：筑摩书房，1981。

中，他和幸德秋水等社会主义者一起反对战争。在冈仓和内村身上并非没有反战精神。但是，那只是针对西方人才显示出来，并非面对日本的内部。在日本内部，内村的神、冈仓的美＝精神＝亚洲是作为不允许日本人自给自足的先验性外部而存在着的。

但是，在大正时代，这种外部性消失了。人们试图从内部，换言之，从日本的过去来寻找自我同一性。此时，冈仓的言论具有相反的意义。典型的代表是和辻哲郎。作为一个尼采和克尔凯郭尔的专家，和辻于1918年写了《偶像复兴》。此处的"偶像复兴"有两个意思：重塑尼采所破坏的"偶像"和日本佛教上的"偶像"。翌年，他写了《古寺巡礼》，时隔一年，又撰写了《日本古代文化》。不过，值得注意的是和辻对于佛教的看法全都是美学式的。实际上，他在学生时代听过冈仓天心晚年于东京大学讲述的"东方巧艺史"课，深受感动。

和辻虽然承认佛教给日本文化很大的影响，但是，他注意到佛教在日本至今依然被看作"外来思想"。他对佛教和西方的基督教传播进行比较。基督教对于日耳曼民族来说是外来思想，但由于以压制过去的非基督教因素这种方式来接受基督教，所以，并没有意识到那是"外来的"。而且，基督教的接受花了很长时间，相比之下，佛教移植到日本后立刻开花结果。和辻对此是这样解释的：

在此，除了佛教自身的非战斗性之外，我们还应该看到日本人自身对于宗教的宽容。他们并没有感觉到为了皈依佛祖就必须放弃固有的对神的信仰。即使是现在仍然可以明显地看到，具有炽热信仰的人尊崇"神佛"而没有任何矛盾。这也可以看作缺乏信仰的彻底性。这样，日本的佛教化就没有变成意味着佛教以外的要素就要彻底否定的"回心"。或者说，日本人把佛教也变成了自己的东西。所以，经历佛教成为日本文化血肉的漫长世纪后，仍然有把佛教看作"外来思想"的可能性。①

关于这种观点，我在别处做过批判。（《文字的地政学——日本精神分析》）这里，值得关注的是和辻好像回溯到古代，但实际上，直接投射出了第一次世界大战时的状况。与其他亚洲国家不同，明治维新以来，不加任何抵抗而接受了西方化的日本人在日俄战争胜利后，开始寻求作为自我认同的日本文化。但是，这不能排斥西方思想，像佛教和神道那样放在对立位置上。它应该是那样一种自我认同，即连佛教都可视为一种"外来思想"，或者毋宁说，西洋思想也作为"外来思想"受到宽容那样的"场所"。冈仓天心所说的作为"仓

---

① 《日本佛教思想的移植》，收于《和辻哲郎全集》第 4 卷，东京：岩波书店，1989。

库"和"美术馆"的日本，在这样的语境中，被转换成了接受任何事物都不会动摇的"无的场所"（西田几多郎）。

5. 天皇论的变迁

进入"昭和"时代（1926—），日本就暴露在内部、外部的紧张关系中。其结果，明治以来的"难关"在昭和的话语空间中被前景化了。实际上，通过明治维新的表象汇集在一起，那就是"昭和维新"。不用说，这最终归结为战争、战败自不待言。但是，不仅仅要比较明治维新和昭和维新，我们还要关注这期间出现的"大正性的东西"。

北一辉作为1936年的"二二六"事件，即拥戴天皇断然实行国家改造这一军人政变背后的理论家，被处以了极刑。但是，他远远没有把天皇神格化。他指出明治维新以前的天皇与"土人的酋长"没有差别。事实上，如前所述，明治以前年号也具有动摇自然的巫术功能。所谓"一世一元"是对这一切的否定，而把天皇看作近代国家的主权者。对北一辉来说，明治天皇是立宪君主，可以看作"机构"。也就是说，天皇个人也好礼仪的本质也好，对他来说根本上是无关紧要的。黑格尔指出："因此要求君主具有客观特质是不正确的。君主只用说一声'是'，而在δ上御笔一点。其实，顶峰应该是这样的，他品质的特殊性格不是有意义的东西。"①

日俄战争之前的日本，天皇被看作德国式的"皇帝"。北一辉的观点也是这样。无论怎样穿戴古代式的服装，明治以后的天皇都是近代国家的主权者。为了扫除封建多元的权力，明治维新的革命家把一切权力集中于天皇一身。欧洲也是如此，这是形成近代国家不可缺少的过程。通过把天皇当作主权者，日本就成了近代国家。但是，主权不仅是国内的，而且是对外的。无论天皇主权还是人民主权，只有和外国发生关系的时候，"主权"才被意识到。黑格尔批评把国内主权和对外主权分别处理。他的观点认为，"一个国家对另外的国家关系"所表现出来的对外主权，看起来好像"是一种外在的东西"，"以及外来的偶然事变"。其实不然，这本来是作为"国家的这种否定的自我相关"而存在于主权的本质之中（《法哲学原理》第 323 节），换言之，不以其他国家为前提的国家论，只不过是一种共同体论而已。

但是，到了大正时代，民俗学者柳田国男从村落的礼仪中发现了皇室礼仪的原型。那就是把天皇看作"土人的酋长"的观点。当然，柳田国男并非想要以此来贬低天皇制，而是想使天皇制变成对民众来说更加密切的

———————

① 《法哲学原理》第 280 节补遗，此处采用范扬、张企泰的译文，北京：商务印书馆，1982。

存在。但那是把天皇与近代国家分离，放在共同体（社稷）的延长线上来观察。值得注意的是，柳田在这一时期开始把他的民俗学称为"新国学"。开始，他对日本存在的特殊的"山人"很感兴趣。但到了大正时代，他放弃了自己的"假说"。换言之，他废弃了一切外部性，开始走向"南岛"，那就是向内部寻求文化认同。柳田作为官僚密切参与了吞并朝鲜的工作，所以，他从学术上必须忽视甚至压抑朝鲜。村井纪正在此寻找到了柳田向内部谋求文化认同的原因。① 从这个意义上说，柳田国男是代表"大正的"话语空间的人物。

从民俗学方面来考察天皇，这种视角的出现只是因为国际上的紧张变得缓和了。在日本，天皇被想起的时候，一定是意识到国际关系紧张之际，被忘却的时候则是与外部的紧张关系淡化之时。在德川闭关锁国的体制中，天皇只存在于水户学派和国学者中间，而大众当中好像根本就没有天皇的存在一样。但幕府末期，一旦对外产生危机，天皇就被抬了出来。为了确保日本国家的主权，天皇作为主权者被请了出来。即使在昭和时代，天皇也再一次被请出，变成了"昭和维新"。但大正时代，天皇的存在变得不重要，说明这一时期从对外紧张关系中解放了出来。所以，天皇作为民俗学的对象来观

---

① 村井纪《南岛意识形态的发生》，东京：太田出版，1995。

察并不单纯意味着科学认识的进步。

同样的观点也可以适用于 20 世纪 70 年代。这一时期，文化人类学和引用文化人类学的历史学家开始论述天皇制。但是，这些论述是非历史性的，缺乏政治性的视角，基本都是那种"土人之酋长"论。例如，有人认为天皇制和非洲的王权（山口昌男）以及大洋洲的王权（上野千鹤子）同类型。这样的讨论自称是为了解构天皇制并进一步从根源上进行观察。但是，前面已经提到，这一切是连北一辉都早已知道的。这样的王权论不要说近代的天皇制了，就连能否理解、把握住奈良平安朝的天皇，都值得怀疑。

例如，直到日俄战争，日本的政治体制尽管是理想君主制，但实质上是由元老（维新的领导者，长州的派阀）支配，而非议会统治。明治宪法给天皇以陆海军的统帅权是因为元老们一面承认议会制，一面想要确保超越议会的统治。元老们消失后的大正时代，正如"天皇机构说"那样，既然天皇服从议会的决定，陆海军也要服从天皇这样的解释能够通行，那是因为国际形势暂时处于平稳的状态。这被称为大正民主主义。但是，昭和时期，这部宪法成为陆海军越过议会的依据。以经济不景气为背景，军部独断专行，为了使其合法化，更进一步要求把天皇神化。这和"活在民众中的天皇制"完全是两回事，乃是国际紧张关系的产物。例如，英国民众直到 19 世纪一直相信国王会治病，但是，这和"大英帝国"没有任何关系。

思考天皇制法西斯主义的问题时，的确不能忽视神话性的结构。但是，在 19 世纪 70 年代，政治和经济的历史性完全被忽视了。面向民众或者面对古代回溯性地提问天皇制的起源，看上去好像是"根源性的"，其实不然。它本身就遮蔽了历史。70 年代以后，风靡一时的天皇论随着昭和天皇生病，被来自亚洲各国追究战争责任的声音简单地冲散了。这清楚地说明，只有消除前面讲的话语空间的左半边，这样的天皇论才能确立起来。

6．乃木将军之死

昭和四十年，也就是东京奥林匹克运动会以后，"昭和"和"天皇"意识的淡化与日俄战争后的话语空间随着某种成功而有所内省化，非常相似。前面已经讲过，这种"内省化"与世界主义并不矛盾。作为事实，虽然具有国际化和"世界共时性"的意识，但是，"外部"已然丧失了。在我们的意识里，导致其变化成为决定性的，必须有某个象征性的事件出现。马克思指出："悲剧是为了我们与过去愉快地诀别而存在的。"1970年，三岛由纪夫之死可以说就具有这样的性质。

我们已经习惯把这个时代作为"20 世纪 70 年代"来叙述。但是，如果把 60 年代后半叶的问题当作"昭和四十年代"来看的话，就会出现不同的状况。首先，从前者的视点来看，这一时期是"新左翼"的全盛时代，一般当作"世界同时性"来认识的。但是，这一时期，作为对近代西方合理主义之批判而讲述的新左翼运动，从另外的视点，即近代日本的话语空间来看，乃是恢复了战后受到压抑的坐标空间的下半部，尽管是暂时的。对于近代合理主义的批判则与战前的"近代的超克"相似。所以，三岛由纪夫对"新左翼"感到一种亲近感，也是事出有因的。

例如，1970年三岛由纪夫的自杀令我们感到震惊。但是，如果说他在昭和四十五年剖腹自杀了，那大概不会让我们那么震惊吧。也许三岛自身应该意识到这一点。我们往往把他的行为看作"二二六"叛乱的再现（表象），其实应该联想起明治四十五年乃木将军的殉死。乃木将军的殉死也是由于不合时代潮流而令当时的人感到震惊。天皇是立宪君主国家的君主，所以，难以想象要为他殉死。乃木将军之于天皇具有一种封建君主的忠诚关系。在明治二十年代的近代国家体制中成长起来的芥川龙之介和志贺直哉嘲笑乃木的落伍，也是理所当然的。

但是，乃木自杀给森鸥外带来了冲击，促使他创作了《兴津弥五右卫门的遗书》。从此以后，鸥外转向描写武士或者封建世界中的人物之历史小说创作。这里所说的"封建"是指对直属主人保持绝对忠诚的关系，但是，对于主人上面的上司却没有这样的关系。为此，封建的体制与中央集权式的近代国家不同，受到多元势力叛乱的威胁。鸥外描写的《阿部一族》中的人们由于对主人的忠诚而不惜反叛藩主。这样封建性的人通过对唯一主权者全面的服从（subject）而拥有成为主体（subject）的近代国家之个人所没有的独立性。实际上，支撑明治十年代"自由民权运动"的不是这种近代人，而是封建人的独立心与自负心。但是，正像西南战争所显示的那样，这只会导致否定国家主权的内乱。

鸥外留下的作为"石见人森林太郎"而死的遗书，其意义不在于回归故乡的乡愁，其中包含对他自己所支持且飞黄腾达的明治近代国家体制的否定。吸引鸥外的不是封建人的古朴，而是大正时期近代性的"内省"所失去的独立性、多元性。

夏目漱石也受到这一事件的冲击，创作了《心》（1914）。在这部小说中，"先生"是这样叙述的：

> 夏天最热的时候明治天皇驾崩。但是我觉得明治精神始于天皇也终于天皇。有一种感觉强烈地撞击着我的心胸，受明治精神影响最深的我辈再活下去毕竟是落伍了。我把自己的想法清楚地告诉了妻子。妻子笑了，并没有理睬。似乎想起了什么，突然跟我开玩笑说：那就殉死好了。
>
> 我几乎忘记了殉死这个词。因为平时用不着这个词，看来沉在记忆的深处已经开始腐朽了。听到

妻子的玩笑我才想起来，这时，我回答妻子说：如果殉死的话，我打算为明治精神殉死。当然，我的回答也不过是一句玩笑，但是，我当时觉得在这个古老的已经不用的词语里装进了新的意思。

此后，大概过了一个月。大葬之夜，我和往常一样坐在书斋里，听到了葬礼开始的炮声。我仿佛听到了明治永远离去的消息。事后想起来，那也是乃木大将永远离去的通知。我手持号外，情不自禁地对妻子说：殉死了，殉死了。

我在报纸上读到乃木大将死前写下的文字。西南战争被敌人夺去军旗以来，为了表示歉意，多次想死却终于活到今天。看到这样的句子时，我不由自主地屈指计算乃木想到自杀后活下来的岁月。西南战争发生于明治十年，距离明治四十五年已有三十五年的时间。乃木大概在这三十五年当中一直想死，等待着自杀的机会。我在想，对于这样的人来说，是活着的三十五年痛苦呢？还是把刀刺进腹中的那一瞬间痛苦呢？

又过了两三天，我终于下决心自杀。正如我不清楚乃木自杀的理由一样，你也许不能理解我自杀的原因。如果是这样，那也是由于时势的推移带来的人的差别，没有办法的。确切地说，或许是个人与生俱来的性格不同也说不定。

这里有很多微妙的地方不宜概括，所以就完整地引用了这一大段。例如，"殉死"在这个时期不过是开玩笑才讲的"古老的已经不用的语言"。（顺便指出，直到三岛由纪夫自杀之前，我一直认为他说的都是"玩笑"。）更进一步讲，"先生"所说的"明治精神"，很明显，即使不是指"明治十年"，大概也是明治二十年以前吧。

"先生"的确怀有背叛朋友 K 的负罪感。但是，他知道 K 未必是由于失恋和受到朋友的背叛而自杀的，这种三角关系中还包括其他的因素。K 是一个禁欲式的理想主义者。"靠佛教的教义培养起来的他认为，衣食住行讲究奢侈那就同不讲道德一样。阅读过古代不怎么可靠的高僧和圣徒传记的他有个毛病：动不动就要把精神和肉体分离开来。也许有时他会想鞭挞肉体会使灵魂增添光辉"。

仅从这些例子来看，K 只是一个敏感而观念性很强的青年。但是，在某个时期，这样极端的类型可以说是固有的。例如，可以看一看迷恋基督教的北村透谷和专注禅的西田几多郎，就会明白。他们在政治上的斗争失败以后，针对急速建立起来的资产阶级国家体制，固守在"精神"世界中。也就是说，"明治维新"的可能性被封锁以后，他们打算与一切世俗对立。而且，他们不得不输给世俗＝自然。透谷自杀，西田几多郎忍辱负重重新进入东京大学做了选科生（旁听生）。可以说 K 也是这样的类型。

"先生"尊敬、追随 K 的原因也在这里。但是，对自己望尘莫及的楷模同时也怀有一种恶意。这种恶意隐藏在下面这个善意之中："作为使他变成一个正常人的第一手段，首先得讲究让他坐在异性身边的方法。"那就是让他屈服于 K 严厉拒绝的世俗的 = 自然的事物之诱惑。K 自杀不是因为朋友的背叛，而是由于不能贯彻"内心"独立性的无力和空虚的意识。

因此，应该说三角关系的问题中，实际上隐藏着"政治"问题。"先生"和 K 都背叛了某种东西。可以说，那就是存在于明治二十年代稳步建立起来的近代国家以前的多种可能性。对漱石本身也可以这样讲。

他认为英国文学和汉文学一样，于是就想"如果是这样的话，举毕生之力去学也不后悔"，可是他又写道："毕业时的我，脑海里产生出一个被英国文学欺骗了的念头。"（《文学论》序）但是，他认为可以花费一生去学的"汉文学"与他晚年走进的南画和汉诗的世界也不一样，那是与"亚洲"以及"民权"相结合的一种文学。

例如，明治十年代至二十年代最受欢迎的是自由民权派的"政治小说"，与其相对抗的是坪内逍遥等人的"写实主义"（没理想主义）。这种"言文一致"的运动是要否定曲亭马琴的汉文文脉而走近式亭三马的口语戏文调。这一时期的漱石则对此拒绝接受。对他来说，

"汉文学"意味着对这种倾向的否定。

相反，英国文学是作为明治"文学改良"（坪内逍遥）的一环而被制度化的。这与大英帝国的力量是分不开的。问题不在于能够与英国文学产生共鸣的能力和感受，而在于"英国文学"当时所处的位置。在英国文学中，漱石与爱尔兰出生的作家斯威夫特以及斯特恩产生共鸣，也可以从此处来理解。漱石虽然不情愿，却不得不做"洋学队的队长"。

可以说，漱石是明治十年代的残余势力。在《秋风》和《秋分》中，他描写了面对世俗怒吼的主人公。但是，从《共产党宣言》已经翻译过来的明治四十年的现实来看，他们已经陈旧了。在漱石的文学中，这是从明治十年代遗留下来的。他称为"明治精神"的不可能是明治整体的时代精神，因为他唾弃了明治整体的时代精神。在明治二十年代后期到三十年代确立起来的"近代文学"中，透谷和漱石拥有的"内省"已经淡漠，而转化成了单纯的自我意识。换言之，"内省"的政治起源被忘却了（参见《日本近代文学的起源》），这就是"先生"所说的"时势的推移"。

7. 三岛由纪夫之死

庆应三年（1867年）出生的夏目漱石，也许会把自己的生涯与明治天皇的时代等同看待。"先生"所说的"始于明治终于天皇"就是这个意思。关于大正十四年出生的三岛由纪夫，也可以这样看。从某个意义上讲，三岛是把自己的生涯与"昭和"一起终结的。

但是，漱石虽然创作了《心》，却并没有自杀。据说他在临终之时说过"死了就不好办了"。这并非意味着漱石恐惧死亡。他拒绝把自己的一生戏剧化，赋予自我完结的意义。他没有像森鸥外那样留下"石见人森林太郎"那样的遗书，单纯地一命归天。单纯的死亡非使人的生命失去意义。

漱石能够写出《心》这样的悲剧，因为他是一个不会把自己悲剧化的人。"明治精神"早已一去不复返了，所以是悲剧性的。但是，"昭和精神"并非如此。这是因为正如"昭和维新"那样，总是作为模仿、再现（回想起）明治精神——当然意味着明治二十年之前的可能性——的一部分而存在。

保田與重郎在 1969 年写下这样的话："亚洲大革命的根本精神是继承明治维新的志向。进一步说，是对大西乡精神的继承。这种精神在大东亚战争中也曾经产生过。"（《日本浪漫派的时代》）正如前面讲过的那样，从这个视角来看，他在中国"文化大革命"的红卫兵中间发现了这种继承。

但是，所谓"继承的志向"在他看来，意味着可以继承的东西已经不存在了。保田自己讲："从现实来看，文学和思想都是空白的时代出现在昭和初期。"①

> 昭和初期还处在第一次世界大战战后的时代。即便"我思故我在"，只要我们认识理解胡塞尔的话，为了忍受战后颓废而出现的意识、走向日本反省之类的意识，基本上还存在。这个经验在此次大东亚战争后的决心上，成为一种教训。所以，我们这一代人既非单纯的战前派也不是战争期间派。从世界史的角度来看，是第一次世界大战派。②

保田积极地把这个"空白"作为"反讽"来把握。换言之，这是一种严肃的不认真。保田继承的"明治精神"没有任何内容。但是，轻视内容、保持空白就是浪漫派的反讽。

他对于"矛盾"讲"反讽"。"矛盾"构成"问题"，强迫解决。但是，对保田与重郎来说，正是因为如此沉重所以值得蔑视。轻视"矛盾"、轻视"问题"就是反讽。这种反讽可以把保田不仅从左翼也可以从通常的右翼中区分出来。这种彻底的随意性和无内容性迷惑了桥川文三和三岛由纪夫这一代人。

总而言之，保田和试图再现"明治维新"的人不

---

① 《日本浪漫派的时代》，收入《保田舆重郎选集》第六卷，东京：讲读社，1972。

② 《日本浪漫派的时代》，同上。

同。他的确敏锐地意识到"明治精神"的消失，正因为消失了所以能够再现（表象）。用马克思的话说，"明治精神"即便是悲剧，其重复的"昭和精神"就是闹剧。

当然，明治维新本身也是"再现"，即那是一场"王政复古"。和法国大革命一样，明治维新采用了古代的创意。因此，正如保田所指出的那样，"明治的精神"与后鸟羽院的教诲是相连的。但是，明治维新还有可以为之实现的课题。在"昭和维新"或者北一辉身上，仍然存在可以实现的课题，而"日本浪漫派"那里则不复存在，也不允许存在。

在《日本的桥》（1936）中，保田说"仅仅想细述"冈仓天心的"想法"。他果然从古代的交通讲起，把日本的桥与西洋的桥、中国的桥进行比较，赞美"哀伤的日本之桥"。当然，他绝不像"日本主义者"那样强调强大的日本、武力的日本。他也和冈仓一样，否定西洋的文明开化。不仅如此，甚至排斥"武士的文化"，排斥被武士歪曲的日本史观，一贯叙述着"沉湎和平的文艺"。

冈仓天心在日俄战争后写了这样的话："西洋人把日本沉浸在和平的文艺时代看作是野蛮国家。可是，日本在满洲战场实施大屠杀以后，则被称为文明国家。……如果文明必须依靠血腥的战争荣誉的话，我们最终情愿做野蛮人。我们高兴地期待祖国的艺术和理想，理所当然地受到尊敬的时代终会到来。"（《茶之书》）此处存在一种浪漫派式的反讽。但是，这与保田的德国浪漫派式的反讽游戏有本质的区别，具有一种历史的实质性。

看起来好像保田和冈仓天心讲的是同样的问题，不同的是现实中存在着日本"在满洲战场实施大屠杀"的状态。保田在"满洲国"找到了"新的世界观"。但是，曾经作为马克思主义者的他，不可能判断不出"满洲国"只是在日本帝国主义统治下的傀儡。然而，他必须有意识地否定这样的判断。在苏格拉底那里反讽是"佯装无知"，而保田则是真正的装作无知。日本浪漫派的反讽从这个意义上讲是否定现实，只相信非现实的"美"。用保田高度赞赏的川端康成《雪国》的表述来说，是在隧道的另一端注视"哀伤的日本"（驹子）之美。

总之，对保田来说，"昭和维新"不仅没有可以实现的目标，而且是一场废弃实现目标这一思考本身，即废弃"文明开化"以来的思考之斗争。但是，昭和四十五年，当日本浪漫派青年三岛由纪夫打算"再现""昭和维新"的时候，那是一场名副其实的闹剧，而且，三岛没有隐藏任何事情。正如《丰饶之海》中转世投生（反复）的最后一个人物是假的一样，"丰饶之海"最终成为"空虚之海"。

从这个意义上讲，三岛由纪夫是通过重新唤起"昭和精神"而使其终结的。套用马克思的话说，这场不是悲剧的闹剧是为了让与昭和的诀别变得更加生动活泼。没有什么场景比祭出三岛之死的右翼和保守派更滑稽的了。他的行动是彻头彻尾的讽刺。他可以实现的是破坏想要实现什么的人的思考，他所谓应该防卫的"日本文化"在实体上不仅什么都没有，而且那就是"什么都没有"本身。

《丰饶之海》最后一卷"天人五衰"结尾处，主人公安永透受到女人的追问："松枝清显被意想不到的恋情俘获，饭沼勋因为使命，而珍·约翰被肉体所俘虏。你被什么俘获了呢? 仅仅是自己和别人不同这个没有任何根据的认识吧?"知道自己是冒牌货，没有任何必然性的主人公安永透只是为了证明自己是真的而计划自杀并失败。但是，这种自杀并非寻求"根据"，而是为了贯彻"没有任何根据的认识"。

三岛认为昭和天皇应该像当时的天皇主义者预期的那样，在昭和二十五年死去，由此成为神。然而，天皇却发布了"人间宣言"，作为国民整合的象征活了下来。三岛蔑视这个天皇，这是因为战后"转生"的天皇只是个冒牌货。但是，这和蔑视应该成为"世界最终战争"的战争之后依然活下来的自己一样。为了实现真正绝对的美（神），就必须像"金阁寺"那样被烧毁。他的自杀与战后杀害天皇具有同样的意义。

8. "昭和"的回归

1970 年之所以成为一个分水岭，当然不单纯是因为三岛由纪夫那壮烈的自杀。例如，20 世纪 70 年代初期，正如"联合赤军事件"所象征的那样，"新左翼运动"崩溃了。另外，如同外汇市场和石油危机所展现的那样，战后的世界体制开始发生结构性的动摇。在这期间，依靠战后的美苏二元结构，单方面利用这一结构发展起来的日本，在 80 年代作为经济强国出现。可是，在意识上却完全封闭在自己的内部。尽管所有信息都从外部传来且被消费着，但是，"外部"并不存在。换言之，从话语空间上来说，日本封闭在第 I 象限中。

日本人开始感觉到国际性紧张是 1985 年以后。与此同时，"昭和"与"天皇"问题也开始"复活"。这并不是单纯因为已临近"昭和"的终结，而是由于日本再次处于国际紧张关系当中，这一切使昭和天皇作为历史问题而表面化。这不仅是内部，而是来自与亚洲和西方这一外部的关系。在此，1970 年以后的天皇论骤然失色，也是必然的。

当然，三岛终结了"昭和精神"之后，"昭和"仍旧持续着，而且竟然持续了 18 年。1970 年以后的天皇悄悄地老去，自杀未遂的安永透大概也是如此。以后，在天皇的长寿面前，天皇主义者和反天皇主义者全都一筹莫展。因为这不是"精神"而是生物学的事实。叫以说，天皇活着本身就使赋予"昭和"的意义风化了。

但是，参照前面的年表可以看出，"明治"结束以后，"大正"贯穿其间，这期间正好与持续至昭和五年（1930年）的时期相对应。换言之，由于"昭和"太长，所以重新回归"昭和"了。也就是说，1989年美苏二元体制结束，"世界新秩序"开始逐渐形成。从某种意义上讲，这与20世纪30年代类似。即，世界的政治、经济区域化正在进行。例如，欧洲实现了"欧洲联盟"（欧盟）。尽管这是作为对抗美国和日本的经济而不可避免要出现的，但战前欧洲整合由德国强行推进的事实依然记忆犹新，这怎么才有可能呢？毋庸赘言，这是因为德国彻底对过去进行了自我批判，并实施了赔偿。

但是，日本没有做这样的努力，倒不如说，没能够与过去切割。最大的原因就是战后天皇被免除了战争责任，没有退位且一直活了下来。而且，当日本作为实质上掌握"大东亚共荣圈"的大国而复活并成为世界各国瞩目和戒备的目标时，天皇再一次作为其象征而存在。同一个天皇作为象征（符号）不断"转生"。无论其他方面怎样努力，只要天皇存在，日本人就无法清算过去。而且在把过去弄模糊的状态下，直面与战前相似的状况。当美国和欧洲正在形成一个区域的时候，日本被排挤出来是必然的。另一方面，日本在亚洲孤立无援。"明治"以来的"难关"丝毫也没有得到解决。

第二章 大江健三郎的讽喻——
《万延元年的 Football》

一

1

20 世纪 50 年代后期，大江健三郎还是一个大学生的时候，就作为文学新秀划时代地登上了文坛。他的作品，从一开始就具有自己的特点。其一，一直用"BOKU"（我）这一叙述者写作，但是，与当时日本具有统治地位的私小说形式不同，这个"我"和作者不是一个人。虽然如此，"我"既非客观的叙述者，也并非完全与作者没有关系。自从处女作《奇妙的工作》发表以来，"我"在指向大江个人的同时，经常意味着其他的东西。

与这一点密切相关，大江作品的另一个特点是没有"固有名称"。如果没有"固有名称"这个说法言过其实的话，也可以说出场人物的名字是类型化的。《万延元年的 Football》（1967）中的蜜三郎和鹰四这样的名字表示他们的性格。哥哥"蜜"是一个内向的非行动派，相反，弟弟"鹰"是暴力的行动派。而且，他们的"性格"（人物造型）不变，不会随着作品的展开而发展或者逆转。而且，他们的姓氏——"根所"，更加露骨地表达了作品的主题。他们是一些探索各自的根、文化认同或者根源的探索者，这从名字上就能一目了然。

例如，初期的作品《死者的奢华》（1957）中，出场人物没有名字，只被称作"女学生"和"管理员"。但现在很清楚，这也成为一种类型名字。下面引用的这段话，让人清楚地联想到萨特的影响。

> 我想：这些死者与死后立刻火葬的死者不同。漂浮在水槽中的死者，具有完整的"物体"的密实性、独立的感觉。死后马上就被火葬的尸体不会是如此完整的"物体"吧。
>
> 那是活着的人。我想：活着的人，具备意识的人，身体的周围带有热的粘液质，会拒绝我。我进入了死者的世界。而且，一回到生者中间，所有的事情就变得困难，这是最初的挫折。

生者是自为的存在，死者是自在的存在（物）。自为的存在是这样一种应有的状态：它并非永远的存在之物，亦是无之存在。就萨特来看，自为的存在本原上是无名的，名字是由他者强加的，我们只能将自为的存在"物"化。初期的大江健三郎排除固有名称也许是受了萨特的影响。但是，大江的固有名称问题与其有本质的区别，是更加深刻的。

眼下重要的问题是，在大江那里"女学生"和"管理员"这一种类（聚合）与名字同格。换言之，当作指示个体的固有名称的特权性被剥夺了。如果说近年创作的《寄给难忘岁月的信》（1987）中可以看出很大变化的话，那首先就表现在固有名称得到了恢复。在此，我想思考的是大江健三郎从创作初期一贯把固有名称括进括号里面，这在近代小说或者近代当中意味着什么呢？

前面讲到的类型名，无论日本还是西方，在近代以前的小说中是普遍存在的。甚至可以说，名字司空见惯的人物的出场是"近代文学"的一个特点。以英国18世纪为中心论述《小说的发生》的爱安·瓦特，从哲学的背景上对此进行了研究，也就是把它与唯名论倾向结合起来。所谓唯名论，针对普遍或者作为概念实体的实在论（现实主义），认为只有个体才是实体，概念只不过是从其中抽象出来的。这样，个体本来是由各自的固有名称表示的。文学上被称为现实主义的东西是通过否定哲学上的现实主义而产生的。

个人的文化认同问题，从逻辑上讲，与固有名称的认识论地位密切结合。借用霍布斯的话说，这是因为"固有名称只唤起一个事物，而普遍是唤起众多事物中的一个"。固有名称在社会生活中，完全具有相同的机能。那都是个人独特的文化认同之语言表现。但是，在文字上，固有名称的这个机能在小说中，开始全面确立。在此之前的文学形式中，人物当然被赋予普通的固有名称。而实际使用的名字种类意味着作者没有把这些人物作为完全的个体化实体确立起来。①

例如，蜜三郎和鹰四这样古怪的名字也算是固有名称，但是，他没有指示"完全的个体化实体"，而是意味着某种类型。这样的名字在近代小说以前是很常见的。在日本，二叶亭四迷的《浮云》（1887）被称为最初的近代小说，主人公的名字叫内海文三。柳田国男曾记录过读了这部作品后，为平凡的人物成为主人公感到震惊。其实，文三这个平凡的名字才值得惊讶。例如，可以与后来尾崎红叶创作的《金色夜叉》（1897）中的人物名字作一比较。间贯一和富山这两个名字具有类型性的意义，预示着他们的性格和行动。但是，《浮云》具有划时代的意义不单纯是平凡人物和名字的出现。如

---

① Ian P. Watt, *The Rise of the Novel*: *Studies in Defoe*, *Richardson and Fielding*, University of California Press, 2001.

果那样的话，江户小说中也存在。重要的是以平凡名字指代的个体代表某种一般性，这样的个体出现了。

司空见惯的固有名称表示个体（individual）。近代现实主义关注这样的个体。这在绘画中也相同，假设以往的画家试图把"松"这个概念形象化，近代画家描绘的这棵松树、那棵松树尽管实际上没有那样称呼，但都是可以用各自的固有名称称呼的每一棵松树。换言之，近代的现实主义即使实际上没有称呼，但是潜在地描绘了可以用固有名称称呼的个体。而且，值得注意的是这个个体经常象征着一般性（普遍性）。例如，通过描绘每一棵特殊的松树，反而描绘出"松树"这一普遍事物。或者，能够描绘这一信念才是现实主义。不言而喻，提到近代现实主义的时候，我指的不是狭义的方法和流派，而是意味着近代文学整体的结构，即使是反现实主义也没有什么变化。

2

这种差异经常在讽喻和象征的对比中被提及。毋庸赘言，近代以来，对于讽喻的评价很差。最典型的评价是歌德，我们可以借用本雅明的引用来看他的观点。

诗人是针对普遍寻求特殊，还是在特殊当中看普遍，这里有很大的差异。前者产生寓意（讽喻），这种情况下，特殊和普遍都不过是一个例子。

后者，理应构成文学的本质。那就是不考虑普遍也不指出普遍而表示特殊。能够活生生地把握特殊的人不知不觉地——或者到后来才知道——同时获得了普遍。（《德国悲剧的起源》）

我前面称为信念的，是"能够活生生地把握特殊的人不知不觉地——或者到后来才知道——同时获得了普遍"这一装置。这样的象征性装置在今天表现如下。

例如，作家一边写自己的特殊经历、特殊的自己，一边相信它具有普遍性的意义。不仅如此，读者在阅读的时候，如同"自己的经历"一样，追随作家的体验进行自我体验。迄今为止，没有人那样写也没有人那样读，所以，很明显这只是历史性的装置。成为近代文学前提的，是特殊事物"象征"普遍事物这一信念。否则，私小说作家不会坚持不懈地写那么多微不足道的故事。

即使在今天，虽然提法不同，但是，这种"象征"的观点在作家当中仍然具有很强的影响力。例如，今天依然在重复这样的评论，认为特殊的个性化表达方式是在作家自身"浑然不知"的情况下，表现了时代状况的本质。这样的评论当中，评价很差的就是那种已经"思考并指明普遍性"的那一类作品。这类作品被当作寓意性作品，或者"主题的主动性"而受到了排斥。大概可以说大江健三郎就是这种批评的靶子。

本雅明研究 17 世纪德国的巴洛克悲剧，试图从中找出被近代贬低的讽喻意义。(《德国悲剧的起源》) 当然，这并不是针对近代的象征性（符号）思考而试图恢复中世纪讽喻性思考的地位（原本巴洛克也不是中世纪的）。本雅明的工作无非是对象征性思考的不证自明性表示怀疑，目的在于体现其历史。我所关心的也不是近代以前的文学，而是象征性思考的不证自明性确立以后出现的那些讽喻性作家。

对讽喻性作品评价不高是因为这类作品把自己特殊的事实束之高阁而去叙述一般性的事物。但是，讽喻性的作家不拘泥个别性，这是一个误解。毋宁说，事情完全相反。在象征性的小说当中，特殊（个别）的事物成为普遍，或者别人的事情能够作为"自己的事情"那样产生共鸣，那只能是一个装置。在这之中，那种绝对无法归入普遍性（同类）的个别性（单独性）被舍弃掉了。这是因为深入探索个别事物的时候，普遍性的事物能够被发现，只能说明个别事物早已属于普遍性了。这里，固有名称只是一个任意符号，附属于在此之前已经存在的作为实体的个体。但是，固有名称表示一个绝不归属一般性和集合体的单独性。从这个意义上讲，近代现实主义（唯名论）利用固有名称的同时，其实是在抑制固有名称的。

拘泥于单独性的人是不会进入这样的个体—类的循环之中的。卡夫卡就是一个例子。卡夫卡不具有幻想性而非常写实，但他的作品缺少固有名称，因此成为寓言性小说，而不是现实主义。然而，这并非是对固有名称的排除，而是对固有名称所带来的错觉的排除，结果反而成了对固有名称的执著。这一点就是他与寓言作家根本的区别。

讽喻受到贬低的另一个理由与前面叙述的问题相关，那是由于世界根本上存在着意义这一思考导致的。由于世界上存在意义，所以，看起来仿佛"普遍性"先行似的。而且，看起来某个事物不断地拥有别的世界。例如，近代以前的文学与历史的记载认为事件存在"意义"，所以，历史成了故事。

象征性的思考否定这样的意义。事实上，近代历史学就是由此确立起来的。近代历史学首先关注作为事件的个体的真伪、顺序和因果关系，而不去关心其"意义"如何。把固有名称作为产生故事的事物排除在外，试图抽出没有固有名称的结构。固有名称即使出现，那也不过是被带入结构中的任意符号。但是，这并没有完全驱逐"意义"。这样的思考有一个前提，那就是每个特殊的事件在默契之下"不知不觉"地承担着普遍的意义，就像黑格尔所说的"理性的狡黠"一样。

例如，历史学家对于"1945 年 8 月 6 日在广岛投下了原子弹"这一件事（个体），拒绝从中读出隐喻性的"意义"。近代作家也相同。有关"原爆"而创作的文学作品中，井伏鳟二的《黑雨》（1966）得到最高的评价。这是因为作品绝对不涉及受原子弹伤害的"意义"，只是平淡地描写个体的"细节"，试图由此达到"普遍性"。但是，前面已经讲过，这只不过是一个支配性的装置，从这样的角度看，像大江健三郎这样想要从中读出"核时代"的"意义"的作家，只有被敬而远之了。

但是，从历史是由作为事实的个体组成的这个观点来看，一个共同默许的信念被作为前提，那就是个体与普遍性相结合。即使试图瓦解马克思主义的历史观，这一点也没有丝毫的变化。因此，实际上这里的固有名称是空缺的。也就是缺少了拒绝被普遍性消解掉的单独性（特异性，singularity）。这与缺乏一次性的事件性具有相同的意义。例如，对于大江健三郎来说，残障儿子的出生必须具有"意义"。因为，这件事对他来说，靠残障儿童问题这一普遍的"意义"是难以消解掉的。

没有固有名称的历史不是历史。讽喻性的作家拘泥的是这个事件的一次性、特异性。同时，它必须具有普遍性的"意义"。但是，正因为这样，所以讽喻性的作品看起来反而是非历史性的。

3

固有名称不仅仅是人名，也包括地名和年号。例如，《鲁滨逊漂流记》的开头写的是"我1632年出生于约克"。通过"1632年"或者"约克"这样的固有名称限定，让读者看到作品的真实性。笛福意识到这样的"细节"堆积会产生真实性。那就是"上帝隐藏在细节当中"的观点，正如前面讲过的那样，明显是象征性的思考。

这些固有名称除去指示作用以外没有其他意义。另一方面，例如，芭蕉的《奥州小道》中的地名则具有意义。芭蕉尽管是写实性的，但是，在近代现实主义的意义上并非如此。对于他来说，地名的作用是连接眼前的风景和当地历史以及先行存在的和歌这些文本的标志。一提起某个个体立即意味着其他的事物。讽喻的意思原本是，如果提到一个事物而意味着其他事物的话，可以说这是讽喻性的。

在象征性的思考当中，一个表达方式总是意味着其他事物这样的观点遭到了否定。由此，个体作为个体得以确定。固有名称被看成指代个体的符号，大江健三郎排斥的就是这样的固有名称。

例如，《万延元年的 Football》当中几乎没有使用具体的地名。为此，反而存在滑稽的部分。《寄给难忘岁月的信》中，有一个人物（鹰四）从山谷的村落走出来，前往一座叫松山的城市。他讲了下面这段话："于是，我来求超市的天皇，跟他商量如何处置死去的几千只鸡。也不能看着不管，我要到当地的城里去一趟。"

即使是住在东京的人也不会出现这样的对话。但是，大江为了贯彻对固有名称的排除，并不讨厌如此不自然的对话。山谷的村落除去四国以外并不具有空间的特定性。当然，初期的《拔苗击仔》甚至连四国这一限定都没有，与此相比，也许具有现实主义性质。

这种对地名的排除可以使作品具有讽喻性。"山谷的村落"顾名思义就是山间的村子，同时也意味着一个宇宙。否则，鹰四率领的村里的"小骚动"就不能与东京以及美国这个规模和层面的政治进行类比或者对抗，更不用说万延元年的农民起义。此刻现在，开始意味着"百年以前"。

> 作为暴民指挥者的弟弟现在与万延元年的曾祖父合二为一，不断挑逗着隐藏在库房里的我和母亲以及家族的魂灵。

这不仅仅是（鹰四）心理上的同一化。而且做到了让"我"或者作品的时间空间与百年前的那一幕重合在一起。

> 偏在的"时刻"。赤身裸体奔跑着的鹰四就是曾祖父的弟弟，我的弟弟。百年之间的所有瞬间在这一刻紧紧地重叠在一起。

这样，超越特定的时间点，"偏在的'时刻'"也就表现出超历史性的结构。这里看上去微观世界与宏观世界之间，似乎存在一个同心圆形的呼应。但是，这其中有决定性的偏移。我之所以把《万延元年的 Football》称为讽喻性的作品，并不是因为其中存在微观世界与宏观世界相重叠的世界，相反，是因为它们之间存在难以弥合的偏差。例如，在后来创作的《同时代的游戏》（1979）中，村庄＝国家＝宇宙这一同心圆式的宇宙论得以确立起来。[①] 在此，历史消失了。但是，20 世纪 60 年代创作的《万延元年的 Football》一方面提出了这种同心圆式的结构，同时，在这些偏移当中浮现出难以还原为结构的"历史"。《万延元年的 Football》更主要的是一部想要认识"历史"的作品。

这部作品的历史性时间点，只有在下面的这段话中才得以显示出来：

> 弟弟鹰四作为学生剧团的成员去了美国，这个

---

① 大江在 20 世纪 70 年代作为"落伍的结构主义者"学习人类学和符号学，以此创作了《同时代的游戏》。但是，《万延元年的 Football》中他已经使用了替罪羊、痴迷者、异乡人这样的人类学概念。大江于 50 年代起就从柳田国男和折口信夫这样的日本民俗学家那里学到了这些。"我通过折口信夫的论文学到了从森林回来的即从森林＝异界对山谷＝现世构成影响成为祸害的'御灵'。"（《万延元年的 Football》）从人类学、符号论的观点来看，即使这一时期他的认识还不太成熟，但是，大江没有必要为此感到羞耻。因为《万延元年的 Football》中存在着这位作家非凡的直观性洞察。

剧团由革新政党的右翼妇女议员领导，一个仅由参加过 1960 年 6 月政治运动的学生们组成的"转向"剧剧团。他们在演出了名叫《我们自身的耻辱》这一忏悔剧之后，以悔过自新的学生运动领袖的名义，为妨碍总统访日一事向美国市民表示歉意。

但是，要说大江健三郎在这部作品中打算描写"1960 年 6 月的政治运动"，则是错误的。毋宁说大江描写了这部作品出版后的 60 年代末的学生运动。请看鹰四所说的下面这段话：

> 你会为我所说的暴动这个词感到高兴吧。那不过是高估了。阿蜜，从山谷到"在"，从大人到孩子，让众多的人一齐迷恋的不单单是物质的欲望和贫乏。今天，你一直听到了念佛舞的鼓声和锣声了吧？实际上，那就是最高的能让大家振奋的东西，那是暴动欲望的源泉！掠夺超市，实际上根本算不上暴动，那只是小小的骚动。阿蜜，参加者谁都明白。他们通过参加这次骚动，跳过百年，感受到了重新体验万延元年起义的兴奋。这就是想象力的暴动。对于像阿蜜这样没有发挥想象力意识的人来说，今天在山谷发生的算不上暴动吧？

事实上，1969 年流行过"想象力的革命"这句话，而在 1960 年还不曾有这个词儿。因为，这一时期的"政治行动"仍然在特定的对象和特定的日期之中进行，并不存在小小的"大学解放区"和各个世界联系的空间。从这个意义上说，大江是具有预见性的。这种预见性并非来自这部作品对未来，而是对过去，试图超越某个特定时间点的地方。

但是，应该注意的是大江最终没有脱离这一事件（个体）。的确，这总是引起别的意义而产生偏移。"1960 年"这一特定的时间与"万延元年"（1860 年）重叠，其特定性（固有性）被剥夺了。换言之，大江排除了作为指代特定时间点（个体）的符号的固有名称。其结果，政治斗争仿佛成了足球一样的游戏，或者节日，以及狂欢。但是，在这种讽喻性的转移当中，存在着绝不会被消解掉的固有的地点。存在着一次性的、特异的"历史"。

《万延元年的 Football》既非直接描写"1960 年 6 月"的小说，也不是把它设定为其他场面的寓意小说。与前者相比，从脱离时间空间的特定性这一意义上来说，它是具有寓意性的。与后者相比，从最终执著于固定时间点来看，它是现实主义的。但是，这种两义性正源于大江健三郎因拘泥而排斥了固有名称。也只是在这个意义上，我们把他称为讽喻性的作家。

前面已经讲过，《万延元年的 Football》具有无法还原到超历史结构的固有的时间性和空间性。正是"万延元年"这一固有名称起到了把作品勉强维系于"历史"而非针对人类学、神话学结构的作用。如果从"1860年"这一符号来叙述的话,该作品是不能成立的。

有关"1960年",我称之为指代特定的时间空间的固有名。但是,在这部作品中,"1960年"和"1945年"是用于某个意义的。因为很明显万延和明治这样的年号被单方面地使用,而"昭和三十五年"和"昭和二十年"这样的词却不被使用。也就是说,"1960年"和"1945年"是指全球化和均一化时间上任意一点的符号,成为这个意义上的固有名称。

我前面讲过,一提到西历的"1960年",这一年就会被赋予世界性的新左翼开端的意义;而提到"昭和三十五年",就会看作汇集明治以来所有问题的一个关节点。这可以由当时竹内好所讲下面一段话来概括:"'近代的超克'可以说是日本近代史中难以逾越之难关的凝缩。复古与维新、尊王与攘夷、锁国与开国、国粹与文明开化、东洋与西洋,这些在传统的基本坐标上所包含的对抗关系,到了总体战争的阶段,面对解释永久战争理念这个思想课题的逼迫而一举爆发出来的,就是关于'近代的超克'的讨论。"(《近代的超克》,同上)

"1960年6月的政治运动"实际上也表现出这样的"难关的凝缩"。大江健三郎在这部作品中重新探讨的就是这一层次的问题,它存在于由"万延"和"明治"

这样的固有名称所显示的时间和空间。尽管是从"1960年6月"出发，但是，从美国回归四国山谷村落的鹰四开始生活在"万延"和"明治"这种年号的世界中，"我"（蜜三郎）也是一到山谷，就被卷入其中。也就是说，"万延元年"这个词不单纯指一百年前，也起到一种作用，那就是把人们转移到被"1945年"和"1960年"这些词所表示的话语空间排除掉的空间，而且，是仍然存续的空间。这相当于我前面讲到的坐标所显示的左半部分，作为"1945年"和"1960年"而叙述的战后话语空间压抑了这一部分。

4

我一开始就暗示过大江健三郎一直用"我"这个叙述者创作，而且，这与大江的固有名称问题密切相关。"我"似乎指代大江个人，同时，又总是意味着其他。"我"本身就是讽喻性的。例如，《万延元年的Football》是这样开篇的：

> 在黎明前的黑暗中醒来，寻求炽热的"期待"感，摸索辛酸的梦境残存的意识。期望炽热的"期待"感确实在体内恢复，如同使内脏燃烧而咽下的威士忌的存在感那样，以不安的心情期待摸索，却总是徒然。

这种炽热的"期待"感甚至不是"我"这个叙述者所拥有的。这是存在于作品基调中的感觉,是"存在感"本身。事实上,在这个开头中,"我"一词被省略了。就这样,"我"暗喻状况本身。但是,大江完全没有采用作为虚构的视角,总是用"我"来叙述,这意味着什么呢?

这并不是通过贯穿特殊性来获得一般性,但也并不是说舍弃了特殊性。他的文体强迫读者投入感情,同时又排除这一切。例如,要从《个人的体验》(1964)中读出大江"个人的体验"者,不得不失望。可是,若想仅从中读出一般性的寓意,则某种活生生的特异性(单独性)又太过显眼了。

在《寄给难忘岁月的信》中,哥哥阿吉对于"我"初期创作的小说是这样评价的:"那个'我'的确接近作者本身,但也确实是体现时代风俗的叙述。"然而,即使在后来并非用这样的方式创作的作品中,"我"依旧不是作者本人。当然,我并不是要强调作者本人和作品中的"我"不同这一不言而喻的道理。我想说的是,大江的"我"既是特定的个体,同时又总是横向偏移的,好像意味着其他什么,带有多重性的意义,所以,人物的名字也不能是那些常见的。不管写成"我"还是"他",总之,由此与自动连接普遍性的近代小说结构性质不同。

也许受他的影响,大江健三郎之后出现了许多以

"我"的视角来书写并将地名和人名抽象化的作品。但是，这些作品既不具有大江的"我"所拥有的位相，也不具有内在的必然性。例如，地名的抽象化只不过是对现在日本已然均等化的表现而已。人名也一样，那只是单纯地"表现了时代的状况"。但是，原本对大江来说，固有名称的排除正是对固有名称的坚持。另外，这也不能与那种认为此世界具有意义即"普遍性"先行的视点分离开来。

二

1

在《万延元年的 Football》当中，"我"是蜜三郎，同时也是状况、存在感甚至"意识"领域。蜜三郎这个名字本身也同样如此。他还被称为老鼠。另一方面，鹰四包含着"我"最恐惧的、暴力的，或者无意识的领域。鹰四首先作为左翼活动家出现，然后是转向，在美国表演一个"忏悔的学生领袖的"角色。再接下来，出现在山谷的村落，在针对朝鲜人超市的暴动、掠夺当中，表现出"暴力犯罪者"的一面。对于"我"来说，这是不可思议而莫名其妙的事情。

不久，事情便一清二楚了，这种暴力具有深刻的根源。不仅鹰四本人是暴力的，而且为暴力本身所包围。他的举动及其影响范围来自于此。他总是面对着并试图从中逃脱出来而又身陷其中的，始终试图肯定而又必须断罪的"暴力性的东西",究竟是什么呢?

鹰四的"政治"根基里存在着这种暴力。索莱尔在《暴力论》当中,区分了"以权威为目标,希望获得机械木偶一样服从的权力"和"试图破坏这种权威的暴力"。后者的暴力是对生命的肯定。但是这两者不能简单地区分开。不具备暴力的左翼陷入权力之中,肯定暴力的左翼亦然。事实上,倡导革命的工团主义的索莱尔理论被墨索里尼所继承。然而,鹰四的政治辐射力显示并不存在平坦的道路。他是左翼还是右翼?是权力还是暴力?很不好区别。他是什么?"我"的这个问题就是作为"暴力"表现出来的生命问题。

鹰四坦白的"真实的事"并非政治问题,而是他使痴呆的妹妹怀孕而自杀的事实。但是,这也关系到生命=性暴力(性爱)的双重意义。他用暴力来解决暴力。最终,集生之暴力于一身而死亡,并作为拯救者表现出来。这样说来,人们大概会联想到基督吧。事实上,这部作品中几次都叙述到"赎罪羊"的主题。从某个意义上讲,虽然这部作品是底片性的,但天主教式的"意义"却是先行存在的。

然而,那是这部作品的讽喻性框架。在这一框架内所叙述的是与其相反的不可重复的历史性。在《万延元年的 Football》中,我要关注的是如何在一个历史性的特异性当中对此做出定位。

简单地说，我每当想到暴力就觉得不可思议，自己的祖先与周围的暴力对抗竟然能够活下来，并把生命传给我这样的子孙。那是因为他们生活在可怕的暴力时代。我生活在这里的事实背后，跟我有关的人们要对抗多少暴力？每次想到这些就茫然若失。

我再重复一遍，这种"暴力性的东西"不单单是生之暴力性这一形而上学的东西，也不是卢奈·吉拉尔所谓普遍存在于共同体机制中的东西。这个共同体通过把某个人作为替罪羊排除掉而使自身充满活力。非历史性的"文化"理论家们指责这种暴力的普遍存在。但是，指出存在于近代政治中的事物与存在于节日狂欢中的事物相同，这种看法如同儿戏。问题远远不止于此。

我们的疑问是，例如，作为"生命的肯定"、"生命的耗费"而表现在狂欢中的东西何以必然会转化为法西斯主义？说尼采和柏格森不是法西斯主义者也无济于事。正如不可能存在纯粹的狂欢一样，纯粹的"生命哲学"也不存在。一旦进入历史的语境中，就会被迫进行意想不到的反转和置换。其实，可以说"暴力性的东西"是"近代"才出现的。鹰四所说的"祖先们"顶多是幕府末期的人们。

2

在《万延元年的 Football》中，"暴力性的东西"
是作为历史的特异性表现出来的。例如，从"我"的
视角来看，"根所"家族的谱系是这样的。

> 作为被山谷中老奸巨猾的农民所煽动的青年人
> 之代表人物，自封为整个山谷的"行长"，不但参
> 加了"借款"的谈判，而且在谈判失败后成为暴
> 力的行长，站在农民起义前列的曾祖父的弟弟，从
> 根所家的内部来看，就是捣毁自己家让人放火的最
> 坏的疯子，在中国的事业失败而失去了财产和生命
> 的父亲，身上流的都是家族内疯癫的血。法学部毕
> 业后已经找到工作的大哥并非主动进的军队，所
> 以，另当别论；特地参加海军飞行预科练习生的 S
> 哥哥，其身内流淌着通过父亲而与曾祖父的弟弟相
> 一致的血脉。

当然，这样的"血脉"不单是遗传的谱系。他们
的暴力性的血脉同时也包含着"近代日本的难关"。值
得关注的是他们全都与"亚洲"有关联。首先是进入
"满洲"的父亲：

> 那时候，我父亲在中国东北做的工作真相不

明，我们小孩子就不用说了，就连活着的祖母，还有母亲都觉得不可思议。为此，他卖掉土地筹集资金，渡过海峡，去了中国，每年有一半的时间生活在中国。

太平洋上的战争一爆发，我的父亲就放弃了在中国的工作，跟家里联系说即将回国，可其后就去向不明了。三个月后，在下关警察署父亲变成尸体，被交给了母亲。

征兵去了菲律宾，后来战死的大哥留下了下面这样的手记："实际上现在的日本怎样呢？一片混沌。是非科学的，没有准备的，而且摇摆不定。眼下在德国实行的票证制——其票证是昭和八年希特勒上台时就印制好的。希望苏联向我们头上投下炸弹之雨。日本人被太平盛世之梦所迷惑，到这个最后关头还在为向左转还是向右转而疯狂。""据遭逮捕的队长说他原本想让新兵刺杀，可自己却人生第一次抢先挥舞日本刀砍掉了土人的头颅。"

从神风特攻队回来的S大哥，战后因为和山谷的青年一起袭击朝鲜人村落而被杀死。最后，鹰四组织山谷的青年，利用村民对朝鲜人的反感，袭击了朝鲜人经营的叫做"天皇"的超市。这样看来，很明显"暴力"的血脉全都与"亚洲"相关联。另一方面，从鹰四的角度来看，"我"（蜜三郎）的血脉是这样的。"曾祖父、祖父，以及他们各自的妻子都是和蜜三郎同样类型的人。我们家族谱系中，除去他们以外，其他人几乎全都死于非命，而他们却安稳又舒畅地活得很长寿。"

这些人物可以放在坐标空间中来定位（参照前文图表）。"我"——蜜三郎自然在第Ⅰ象限。鹰四在第Ⅳ象限，从这里跳入左半边。但问题是他属于第Ⅱ象限还是第Ⅲ象限，不甚明确。按照索莱尔的话说，就是权力还是暴力的问题。按照竹内好的话说，则是帝国主义还是亚洲主义。而且，与"亚洲"相关也就与这种两义性有关。

例如，有关斩下了"土人"头颅的大哥，鹰四接着讲道："我发现自己的亲人在战场上也是以日常生活的感觉活着，而且是一个有能力的执行者。阿蜜，假如我生活在大哥的时代，这或许就是我自己写的日记吗？想到这里，我感到自己对世界的展望打开了新的局面。"另外，关于袭击朝鲜人村落而死亡的S大哥，他这样讲道："但他是领导者。这不用阿蜜强调，我也知道这是来自梦中的记忆。我感到自己有一个景象华丽的记忆：穿着海军飞行预科练习生制服的S大哥指挥山谷的青年集团，正在向朝鲜人村落顽强的精锐部队发起挑战。"

大江健三郎在随笔和发言中绝不可能讲这样的话。战后的话语空间封闭在右半边的第Ⅰ和第Ⅳ象限中，可以说左半边是禁忌。一般认为，大江是这种战后话语空间的忠实旗手。倒不如说，他在小说中仅局限于左半边。不只是《万延元年的 Football》，作为叙述者的"我"一定被放在第Ⅰ象限中，"我"就是战后日本状况的化身。这就是性无能、不具活动性和自我封闭性。而且可以说，"我"所惧怕又被吸引的"弟弟"这一人物属于第Ⅲ象限。

值得注意的是这第Ⅲ象限乃是非语言性的。它总是"带有疯狂的阴暗而恐惧的东西"。换言之，如果"我"处于意识之中的话，"弟弟"就会处于无意识之中。假如后者被语言化（意识化），经常作为第Ⅱ象限表现出来。

也可以说，"我"是为了使左半边得到解放的装置。大江健三郎把小说称为"自我救赎"就是这个原因。"我"并不是自己。这种坐标中的运动总体就是"自我救赎"。然而，我在《万延元年的 Football》中要关注的是这种"自我救赎"，同时也成为近代日本的自我救赎。

3

领导万延元年的农民起义袭击根所家族的曾祖父的弟弟，就存在于这种暴力血脉的"根源"中。他在起义后单独一个人活了下来，但后来如何，却真相不明，传说他改名换姓做了政府的高官。还有人说，他成了村里的"亡灵"。真相到底是什么呢？出场人物一直在追问中行动。当然，与曾祖父的弟弟同一化的弟弟把袭击超市比作万延元年的武装起义。

另一方面，"我"这样说道：

> 在根所家人的性格当中，我继承了拒绝从万延元年事件中获取雄壮暗示一方的血脉。我做的梦也不是把自己与曾祖父那种英雄式的弟弟融合，而是战战兢兢地躲在库房里，作为一个胆小怕事的旁观者，像曾祖父那样连打枪也不会，总是做噩梦。

但是，这并非单纯的"性格"问题，可以称之为近代日本史的问题。只要曾祖父弟弟的行为成为问题，"山谷"就不是一般性的宇宙，而意味着近代日本的话语空间。"在这个山谷中没有留下任何根，也没有扎下新的根"的"我"正如前面所讲，属于第Ⅰ象限，换言之，属于飞离"亚洲"的空间。而且，他从中找到了 identity（文化认同）。

> ……相反，回到山谷以后，我从自己一直持有的、丧失了孩提时代对于真我的 identity 这样一种罪恶感中解放出来。
>
> ——你真像只老鼠！对于责难我的整个山谷，我现在可以充满敌意的回敬道："你们为什么对毫无关系的人如此多管闲事呢？"在这个山谷中，我

不过是和自己的年龄相比显得肥胖的独眼过客而已。除了这样的自我，山谷的事物不会唤起任何真我的记忆和幻影。我可以主张过客的 identity。老鼠有老鼠的 identity。既然自己是老鼠，那么别人说——你真像老鼠！我就不会惊慌失措了。

这里所说的"整个山谷"也可以理解为包括善恶的近代日本史的整体。"我"说的是对于这个"整体"，自己不过是一个"过客"。从这里开始，我尝试对抗鹰四，以及作为他的 identity 之曾祖父弟弟的意象。

> 我读了他（曾祖父的弟弟）写的信，但是，他并没有继续做暴力性的人，即使在精神作用上也没有坚持武装起义领导者的志向。也不是自我惩罚。他只是忘却武装起义的经历，度过了晚年封闭而平凡的市民生活。……原武装起义领导人好像是在榻榻米上平静地死去的。实际上他就是阿鹰，并没有变成任何"亡灵"，是作为一个像羊一样的人死去的。

换言之，"我"是把曾祖父的弟弟也放在了老鼠的系列甲。而且，据说鹰四的结局也是如此。（在此，如果把"武装起义领导者"换称为"现人神"的天皇，那么也可以说与三岛由纪夫在《英灵之声》里揭露的

"人间天皇"相似。从这个意义上讲，就可以明白"我"位于战后空间里。）对此，鹰四仅仅说了这样的话："阿蜜，你为什么如此憎恨我？为什么对我一直持有这样的憎恶？难道我们不是根所家生存下来的仅有的两兄弟吗？"

鹰四所说的不仅仅是骨肉同胞之间的爱。他们的"根源处"存在着曾祖父和他的弟弟这样的兄弟。曾祖父的弟弟袭击了根所家的宅邸。也可以说，根所＝identity一开始就处于自我分裂之中。而且，这次袭击是为了隐瞒起义由曾祖父和他的弟弟共同策划的。也就是说，这种兄弟的敌对是合谋，反过来说，就是联盟本身的分裂。阿蜜和阿鹰寻求他们的 identity 时，不得不到达敌对与合谋的境界。

但是，这种合谋与敌对存在于近代日本史本身。例如，西南战争中，西乡隆盛与政府为敌，通过自杀式的叛乱为大久保利通谋划近代国家体制的确立而做出了贡献。如果西乡真有意取胜的话，就不会单纯发动士族叛乱。而且，曾经拒绝西乡征韩的大久保在西乡死后落实了其征韩的意图。可以说，萨摩的革命家、大久保和西乡是"兄弟"。大久保成为国权论＝帝国主义的象征，西乡成为深化明治维新并使其向亚洲扩展的亚洲主义＝昭和维新的象征。

但是，这种敌对也许是心照不宣的合谋。事实上，后来的亚洲主义者和昭和维新的青年军官们结果只是为

"帝国主义"的国家权力做出了贡献。这样的敌对＝合谋关系使前面提到的坐标空间变得复杂起来。鹰四那令人眼花缭乱的"转向"标志着任何话语空间都发源于相同的"根源地"。

根据被发现的曾祖父的弟弟的信，明治二十二年，他对得到宪法公布的消息而高兴不已的弟弟反问道："公布的宪法连其内容都还不知道，只是听到宪法的名字就陶醉了，这是怎么回事呢？"那是"由上至下"的，不是"由下至上"的。"这封信标志着曾祖父的弟弟作为一个胸怀'志向'的人关注维新后的政治体制。但是，他的'志向'是支持民权派的。所以，曾祖父的弟弟做了维新政府的高官这一传说完全没有反映出事实的真相。"

曾祖父的弟弟在明治十年代是"民权派"，好像到了明治二十年代仍然坚持自己的"志向"。但是，历史上"民权派"中的许多人这一时期已经转向"国权派"或者亚洲主义。可以说，根所家暴力性的谱系表现了这一切。正如前面所言，他们全都与"亚洲"有关。

矶田光一针对 1960 年的安保斗争指出：岸信介内阁为了强化对美国的发言权，希望游行示威过激化。（《战后的空间》，新潮社，1983）

我虽不喜欢这种"一针见血的观点"，但认为这是有可能的。不过，这样的视点在《万延元年的 Football》中早已提出，其中就有关于万延元年武装起义的各种解释。

作为地方史学家的寺庙住持是这样解释的：由于受到从森林另一边的土佐过来的潜伏者的煽动，起义出现了难以避免的不稳定状态。"住持、阿蜜的曾祖父一致认为如果不发动起义，山谷的农民就不会得救。住持持中立态度，村长站在统治者一边，但是，如果民众被消灭的话，他们也会同归于尽。于是，何时发动多大规模的起义成为他们处心积虑的问题核心。在形势进一步恶化而村长未受到攻击之前，给高涨成为起义的暴力能量提供一个发泄口，使山谷的暴力控制在最小限度，让剩余的暴力转向城市是最明智的。"也就是说，曾祖父的弟弟为此被利用了。所以，他一个人逃走后，作为补偿，改名换姓做了政府的高官。

这可以说是"国权派"的解释。与此相反，鹰四的解释则说利用曾祖父弟弟的是希望起义的农民。他们使曾祖父的弟弟组织的不良少年、"革命青年组"、"青年军官"站在了前列。"这是因为必须伤害或者杀死面前的敌人时，他们不粘手，必定让青年组织发挥残暴。普通的农民起义后，不需要担心因放火与杀人的罪状被追究，因为他们是可以参加起义的组织。"所以，起义以后，希望起义继续下去的青年组从村民中脱离出来，被村民出卖，最后躲在库房里负隅顽抗。

作品中没有直接写明，但也可以说鹰四有可能参加的 20 世纪 60 年代"共产主义者同盟"学生组织就是这种"革命青年组"。事实上,既有转向"国权派"的(以清水几太郎为代表),也有人像"我"所说的曾祖父的弟弟那样,放弃以往流氓式的热情,把它隐藏在内心深处,实现了忍受日常生活的"成熟"。但是,那并不是什么新鲜的形态。1960 年 = 昭和三十五年的政治斗争凝缩了幕府末期以来日本的政治、思想的生机与活力。而且,除去《万延元年的 Football》以外,没有其他作品试图理解其"整体"或者分裂的"根所"。这部作品通过把"1960 年的政治运动"和"万延元年的起义"结合在一起,来把握存在于 1960 年与昭和三十五年视差中的一切。

但是,"我"最终发现的曾祖父的弟弟形象并不是前面所叙述的。他并没有从山谷逃走,而是毕生把自己幽禁在地下仓库里。给哥哥的信也是从这里写起的:"他没能够阻止自己的伙伴被斩首的惨状,他自己也惩罚了自己。他从毁灭的那一天起就躲在地下仓库里,就这样尽管通过消极的姿态,但他没有转向,而是毕生坚守住了起义领袖的一贯性。"

他仅有一次浮出水面。在"我"祖父记录的有关明治四年暴动事件的《大洼村农民骚动始末》当中,记载了一个曾发挥了卓越领导才能的魁梧的驼背男人,他突然现身,事件过后却消失得无影无踪。"我"确信那就是曾祖父的弟弟。"与第一次血淋淋的成果可疑的起义不同,他投入经过十多年的自我批评而获得的一切，成功地推动了第二次起义。暴动的参加者和旁观者没有一人死伤，而且，迫使成为攻击目标的大参事有效地自杀，而没有一个参加暴动的人受到处罚。"后来，他再一次把自己幽禁在地下仓库中活了二十年。

也可以说这种"自我幽禁"存在于日本近代文学的根源中。我在"近代日本的话语空间——1970 年 = 昭和四十五年"（本书第二部第一章）中，论述了漱石的《心》所描写的 K 这个人物与明治十年代自我处罚性地禁闭自我的北村透谷和西田几多郎这些人关联。漱石在明治四十五年被迫唤起的"明治精神"就是这种自我幽禁者的 identity。小说《心》中的先生对于 K 的自杀是这样想的："最后，我开始怀疑他是由于像我一样太寂寞才突然做出决定的。这又使我不寒而栗——一种自己也同 K 一样走在 K 走过的道路上的预感，时不时地像风一样，开始从我的心中掠过。"《万延元年的 Football》当中"我"和弟弟的关系与先生和 K 的关系相似。"我"也从自杀的鹰四身上发现了"战栗"的景象。不仅如此，他们的确与明治十年代自我幽禁者的 i-dentity 密切关联。

1970 年 = 昭和四十五年三岛由纪夫创作了《丰饶之海》，用轮回转世的形式描写了"明治精神"的反复。与此最敌对的是大江健三郎。因为实际上大江在《万延元年的 Football》中试图唤起日本近代史的"整体"并对其进行"救赎"。他不是靠轮回转世这一物语装置，而是靠讽喻的装置。并且，不是在国权而是在民权的方向上使用讽喻的。但是，大江与三岛最敌对，从某种意义上说，是因为大江最接近三岛。他们正是大江所描写的兄弟的关系。那么，在这两位作家将日本近代的话语空间作为一个总体来把握之后，留给日本近代文学的又是什么呢？

第三章　村上春树的风景——
《1973 年的弹子球》

一

1

村上春树的《1973 年的弹子球》中缺少固有名称。从最初的《且听风吟》直到《世界的尽头与冷酷仙境》，所有作品在这一点上都是相通的。值得注意的是《1973 年的弹子球》中例外地出现了直子这个人名。这是一个自杀女孩的名字。细心的读者会发现，她作为主人公出现还在《挪威的森林》中。毋庸赘言，《挪威的森林》是一部出现了普通名字的作品，名副其实地获得了与以前作品悬殊巨大的读者层。

村上在创作《1973 年的弹子球》时，是否已经在计划未来的作品且事先提示了直子这个名字，并不清楚，也没有探讨的必要。在此，只要看到这样一个事实即可，普通的固有名称被排除，导致直子这个名字具有特权性，非常引人注目，同样也适用于《1973 年的弹子球》这个题目。村上春树是否作为对《万延元年的 Football》的戏仿而有意识地起了这个名字，也无关紧要。只要关注这样的事实，来看两者的比较将会弄清什么问题，就可以了。

例如，大江健三郎的作品中没有固有名称与村上春树的作品中没有固有名称具有完全不同的意义。《万延元年的 Football》中的鹰四和蜜三郎或者老鼠这个绰号是类型名。但是，村上初期三部曲中出现的老鼠的名字，与这个人物的外形以及性格没有任何关系。

> "管我叫鼠好了。"他说。
>
> "干吗叫这么个名字？"
>
> "记不得了，很久以前的事了。起初给人这么叫，心里是不痛快，现在无所谓。什么都可以习惯嘛。"①

《万延元年的 Football》中的老鼠在意这个名字，而且从中发现了"老鼠的 identity"；与此相对照，对村上这个人物来说，该名字不具有任何意义，只是一个区别的符号。这和《1973 年的弹子球》中给那对双胞胎女郎起的名字基本一致。她们被"我"叫作 208 和 209。

---

① 《且听风吟》，林少华译，桂林：漓江出版社，1996。

"尽管如此，有时我无论如何也要区分开两个人时，不得不依靠数字。除此以外没有任何办法来区分。"

在这里，名字只是识别完全区分不开的事物的"示差性"符号。也就是说，固有名称被普通语言所消解。这样的观点，在索绪尔以后的语言学当中是司空见惯的。被语言这一示差性的体系所分节（articulate）的时候，对象是被认知的，并非已经存在的事物被命名了。而且，这种分节＝差异化不仅是空间性的，也符合时间性。与双胞胎姐妹同居的"我"开始丧失"对时间的感觉"。

　　双胞胎这一状况是怎样一种状况，乃是远远超出我想象力的问题。如果我有双胞胎兄弟，且我俩全都一模一样的话，我想我肯定会陷入可怕的狼狈境地。也许因为我本身存在某种问题。

　　可她们两人却全然相安无事。意识到自己无法区分她们时，我大为惊讶，甚至气急败坏。

　　"截然不同的嘛！"

　　"压根儿就是两个人。"

　　我一声没吭，耸耸肩。

　　至于两人闯入我房间已过去了多少时间，我记不清楚。自从同这两人一起生活后，我身上对时间的感觉已明显钝化，恰似通过细胞分裂增殖的生物对时间所怀有的那种感觉。①

这与其说是索绪尔式的，倒不如说是"我"埋头阅读康德《纯粹理性批判》的认识。康德认为我们不能了解世界本身（事物自体）。世界是通过感官被赋予的，把它作为对象来认识，则依靠我们透过先验的形式对此予出构筑。套用现代的话说，我们是依靠任意的示差体系的语言来认识世界，不仅是时间，"我"也如此。不是存在主体才被叫作"我"，而是由于"我"这个词，主体才开始存在。

这样，村上春树的"我"叙述起来如同没有"我"的存在。大江健三郎的"我"属于这个世界（作品世界），假如是这个世界本身的话，村上的"我"一直在叙述其自身是任意的，换言之，世界状况本身是任意的。

"我"既不做任何判断，也没有任何主张。可是，判断和主张随处存在。那大多是有关趣味判断的。不过，康德的"批判"是从"超越论"来批判形而上学的武断，被视为奠定了认识的基础。而且，《判断力批判》作为鉴赏判断的超越论批判是最后写成的，似乎被看作次要的作品。但是，"批判"一词原本就来自鉴赏

---

① 《1973年的弹子球》，林少华译，上海：上海译文出版社，2008。

判断的领域。鉴赏的领域没有固定的标准。最终，任何意见都只是"武断和偏见"。实际上，康德认为真理和善的领域只不过是鉴赏判断的领域。他试图把所有的判断都看成和鉴赏判断相同的事物，那就是"批判"。如果是这样，使一切从属于美的鉴赏判断的德国浪漫派从这里派生出来，也就没有什么奇怪的了。

从这个意义上，村上的"我"可以说"准确地"解读了康德的《纯粹理性批判》。"我"是把一切的判断看作鉴赏，所以不过是"武断和偏见"的一个超越论的主观。那不是经验性的主观（自己）。村上的作品给人以极其个人化的印象，但不是私小说。这是因为私小说作为前提的经验的"我"被否定了。"我"是零乱的。但是，这里存在一个冷静观察那些零乱的"我"的先验性自我。

大江健三郎的"我"是带来语言的比喻性横贯和偏差的装置，而在村上春树的作品中，语言总是由这个超越论的主观所控制。语言看上去是零乱的，但那只是为了反证这个超越论主观的可靠性。

2

我把二叶亭四迷的《浮云》中展现出的平凡名字看作近代小说的端倪。这还不是对固有名称本身的否定。最初发现这一点的大概是国木田独步的《难忘的人》（明治三十一年）。在这篇小说中，主人公大津在一个叫作龟屋的旅馆对相识的秋山讲述了"难忘的人"。"难忘的人"不是不能忘记的重要的人，而是那些无关紧要却难忘的人。那与其称为人，倒不如说是"风景"。而且，这篇作品带有这样一个结尾：

> 从那以后，两年过去了。
>
> 大津因故移住在东北某地。和在沟口那个旅馆初次相遇的秋山也中断了来往。
>
> 一个雨天的晚上，正好是大津住在沟口那个旅馆时的季节。大津独自坐在书桌前沉浸在冥想之中。桌上放着两年前拿给秋山看的那份篇名叫作"难忘的人"的书稿，原稿的最后添上的一段是"龟屋的老板"。
>
> 并不是"秋山"。

"秋山"的名字被拒绝，仅仅作为风景的无名"龟屋的老板"成了"难忘的人"。必须注意这里存在一个恶意的歪曲，我曾经把这个问题论述为风景的发现。（参见《日本近代文学的起源》）把风景作为风景发现的是排斥外在风景的"内在的人"，这里隐藏着一个"根本的颠倒"。

同样，现在，我想把这一点作为固有名称的问题来看。"风景"不存在固有名称。国木田独步的确描写了"武藏野"这一风景。但是，他这样做是想要针对有名的风景（名胜），第一次描写无名的风景，并非因为此地被称为武藏野。喜爱《武藏野》的读者早已看不出国木田的颠倒或者不良用心。在此，确立了"日本近代文学"的不证自明性。

国木田独步作为浪漫派并非因为他投身自然或者描写了风景，而是因为在反讽的意识下达到了浪漫派的目的。提到浪漫派的反讽，谁都会想到保田舆重郎。但是，即使论述过明治时代的浪漫派的保田自身也没有意识到，这在独步的文学中早已存在。我称为"根本性颠倒"或者"恶意"的就是这种反讽的意识，这就是冷静地注视经验性自我的超越论式的自我（意识）。

这个自我意识绝不会受伤也不失败。那是因为它蔑视经验性的自我和对象。当然，这种"精神"的胜利只有回避"斗争"。夏目漱石因为不承认这种回避，所以，对"近代文学"一直持有不相容的感觉。漱石固守的那种明治十年代的被限定和败北，在国木田独步这样的反讽中被超越了。因为一切限定性在"精神"上都可以超越。值得注意的是，在独步那里具有这种固有名称的"历史"被超越了，那里出现了"风景"。

村上春树发现的也是这个意义上的"风景"。果然，他的作品中没有国木田独步所代表的那种风景。作品中泛滥着下面这样的固有名称："狗们连屁股眼都淋得一塌糊涂。看上去，有的像巴尔扎克小说里的水獭，有的像冥思苦想的僧侣。""雨下得很静很静，音量也就是把细细撕开的报纸屑撒在厚地毯上的那个程度。克劳德·勒鲁什的电影中常下的雨。"

大概没有一个读者了解"巴尔扎克小说里的水獭"和"克劳德·勒鲁什的电影中常下的雨",也没有必要了解。然而,正因为如此,这些比喻才被运用。也就是说,这就是"难忘的"东西。村上发现(创作)的风景就是这种东西。这里,泛滥着近代小说家避开的商品名。这看上去就像是新的光景。正如喜爱国木田独步的读者看不到风景中潜藏的超越论式自我意识的恶意那样,喜爱村上春树的读者从这里仅仅接受了当今别致的风景。而且,天真的新"风景"小说作者也不断地涌现出来。

但是,正如后面将要论述的那样,如果单纯将此视为后现代的话,那就错了。这是因为,村上的"风景"中潜藏的"颠倒"与国木田独步文学中,换言之与"近代文学"中存在的"颠倒"是同一类型的。

3

国木田独步的《武藏野》不是小说。同样,村上春树的《且听风吟》和《1973 年的弹子球》也非小说。"我这里所能够书写出来的,不过是一览表而已。既非小说、文学,又不是艺术。"(《且听风吟》)这仅仅是"风景"。村上的影响力就在于这种风景的自明化之中。这绝非外在的风景,总之,这并不意味着社会上已开始呈现出后工业资本主义消费社会的状态，而村上立刻捕捉到了这种现象。这种"风景"正如国木田独步的风景那样，只是通过某种创作文体或者某种内在的"颠倒"才呈现出来的。

村上并没有停留在这种"风景"之上。正如莲实重彦所分析的那样，第三部作品《寻羊冒险记》的故事导入了陈旧的物语结构。（《远离小说》，东京：日本文艺社，1989）但是，我们也必须承认，村上的某种"新意"存在于发现"风景"的某种结构中。不言而喻，那就是把无意义的东西放在有意义的东西之上的价值颠倒。直接体现这一特点的是村上春树作品中泛滥的数字。

> 确认电梯关门那"咻"的一声压缩机声在背后响过之后，我缓缓合上眼睛。我将意识的断片归拢在一起，沿走廊朝门那边走了 16 步。闭眼 16 步，不多也不少。[1]

"16 步"这个数字的准确性有什么意义？例如，过剩的现实感给人以梦一般的非现实感。陀思妥耶夫斯基在写《恰好三步》的时候，过剩的准确性使人甚至感到事件的非现实性具有了现实性。而村上所说的"16 步"只是随意的，让人感到事件的随意性。这种数字与

---

[1] 《寻羊冒险记》，林少华译，桂林：漓江出版社，1997。

双胞胎的名字为 208 和 209 相同。村上春树是这样写的：

> 　　第三个同我睡觉的女孩，称我的阳物为"你存在的理由"。

> 　　以前，我曾想以人存在的理由为主题写一部短篇小说。小说归终没有完成，而我在那时间里由于连续不断地就人存在的理由进行思考，结果染上了一种怪癖：凡事非换算成数值不可。我在这种冲动的驱使下整整生活了 8 个月之久。乘电车时先数乘客的人数，数楼梯的级数，一有时间就测量脉搏跳动的次数。据当时的记录，1969 年 8 月 15 日至翌年 4 月 3 日之间，我听课 358 次，性交 54 次，吸烟 6921 支。

> 　　那些日子里，我当真以为这种将一切换算成数值的做法也许能向别人传达什么。并且深信只要有什么东西向别人传达，我便可以确确实实地存在。然而无须说，任何人都不会对我吸烟的支数、所上楼梯的级数以及阳物的尺寸怀有半点兴致。我感到自己失去了存在的理由，只落得顾盼自怜。

> 　　因此，当我得知她的噩耗时，吸了第 6922 支烟。[1]

---

[1] 《且听风吟》，林少华译，桂林：漓江出版社，1996。

数字是还原语言的意义并作为"视差符号"来观察的一个极端表现。它只表示差异或者顺序。这里,那个自杀的女孩只不过是"第三个同我睡觉的女孩"。比如,当她被称为"直子"的那一瞬间,就会恢复无可替代的单独性=历史性的。为了拒绝这种恢复,数字才被频繁使用。直到《青春的舞步》,村上春树作品里的许多日期也是如此。

> 故事从1970年8月8日开始,结束于18天后,即同年的8月26日。[①]

> 1973年9月,这部小说始于那里。那是入口。若有出口就好了,我想。倘没有,写文章便毫无意义。[②]

许多作家希望通过省略日期使作品保持"普遍性"。相反,村上常常把作品定位在特定的日期里。但,那不是历史意识的体现,而是追求空无化。看上去似乎是针对共同拥有这些日期的读者唤起一代人乡愁式的共同感受。然而,并非如此。这些日期完全是私人性的、无意义的。

---

① 《且听风吟》,林少华译,桂林:漓江出版社,1996。
② 《1973年的弹子球》,林少华译,上海:上海译文出版社,2008。

"你20岁时做什么了?"

"追女孩啊!"1969年,我们的岁月。

"和她处得怎么样?"

"分手了。"①

"1969年,我们的岁月",这个说法一瞬间唤起一代人的共鸣,而在这个语境中同时又被完全解构了。当然,1969年是校园斗争的时期,这一点何止被隐藏,反而是频繁涉及近乎于挑衅:"多少人自杀,发狂,把自己的内心埋藏在时间的停滞中,为无目的的想法而苦闷,互相找麻烦。1970年,就是这样的年份。"尽管这样,村上在"1969年"和"1970年"将要带有价值的瞬间,又把它颠覆了。大江健三郎的《万延元年的Football》中作为特权性时间的"1960年",被描写成如下这般:

> 12岁的时候直子来到这个地方。以西历而言,就是1961年,纳尔逊唱《哈罗,梅里·露》(Hello Mary Lou)那年。
>
> 1960年。鲍比唱《皮球》那年。②

---

① 《1973年的弹子球》,林少华译,上海:上海译文出版社,2008。

② 《1973年的弹子球》,林少华译,同上。

村上春树当然非常清楚"1960 年"是怎样的一年，可是，他装出一幅无知的样子。这就是反讽一词最初的意思。抹消不该忘记的重要的事情，强调纳尔逊的《哈罗，梅里·露》和鲍比的《皮球》这些"难忘"的风景。滥用这样的固有名称，其实是为了拒绝之。数字的滥用也有相同的意图。

4

这种日期的过剩，前面已经讲过，那不是历史意识的体现，相反是在追求空无化，或者主张"历史的终结"。显而易见，那种姿态的反复就是对某个事物的执著。这从《1973 年的弹子球》对于唯一赋予了普通固有名称的"直子"的下列描写中，也能一目了然。

> 回家电车中我好几次自言自语：全部结束了，忘掉好了！不是为这个才到这里来的么？然而我根本忘不掉，包括对直子的爱，包括她的死。因为，归根结底，什么都未结束。

但是，必须让人看到一切都终结了，如同没有发生任何事似的。村上在这部作品中描写的"爱"不是对"直子"的爱，而是对"1970 年冬天"遇到的弹子机的爱。"我"称之为"她"：

她出类拔萃。三个尾翼的"宇宙飞船"。……只有我理解她，唯独她理解我。我每次按下开机钮，她都以不无快感的声音在记分屏上弹出 6 个"0"，随即冲我微笑。

这部作品中，"我"积极的行动仅仅是搜寻只有三台进口到日本，现在已经停止生产的这种"梦幻的弹子机"。"这是一本关于弹子球的小说。"但是，探索的对象不仅是游戏机，其本身就是一个游戏。然而，玩得却很认真。贬低有意义的东西，认真对待无意义的东西并予以显现。这种态度在写下列"历史的事实"时，也有其体现。

不过，弹子球发展史上首台弹子机是 1934 年由此人之手从高科技黄金云层间带给这个秽物多多的地面却是一个史实。那也是阿道夫·希特勒远隔大西洋这个巨大水洼把手搭在魏玛阶梯第一阶那年。

在此，村上把主文化和次文化、政治事件和风俗事件等值地放在一起。但，我们不要把这样的态度误认为什么历史性的新态度。这和曾经在国木田独步那里看到的反讽意识是一致的。"在反讽上面，一切都是游戏的同时，一切都是认真的，一切都从心底里坦白的同时，一切都必须是深深地隐藏起来的。"（哈特曼《德国观念论哲学》）那么，通过这样的反讽，什么得到了确保呢？那就是超越所有被限定性的超越论自我。

"我"终于和保存在仓库里的那台弹子机相会，对话：

> 我们再度陷入沉默。我们共同拥有的仅仅是很早很早以前死去的时间的残片。但至今仍有些许温馨的回忆如远古的光照在我心中往来彷徨。往下，死将俘获我并将我重新投入"无"的熔炉中，而我将同古老的光照一起穿过被其投入之前的短暂时刻。
>
> 你该走了，她说。
>
> 的确，寒气已升到难以忍耐的程度。我打个寒战，踩熄烟头。
>
> 谢谢你来见我，她说，可能再也见不到了，多保重。
>
> 谢谢，我说，再见！

这样的"对话"当然是自我对话（独白）。"她"并非"直子"那样的他者，即，不是限定"我"的人。"我"对机器的爱仅仅是对自己的爱。

这样的对话，从某种意义上讲，近似于大江健三郎的《死者的奢华》中我和死者之间的对话。其后，

"我"是这样说的："我踏入了死者的世界。而且，一旦回到生者的世界，一切事情就变得困难。这是最初的挫折。"（《死者的奢华》）村上春树好像也可以说："我踏入了死者的世界"。因为"我"和"鼠"都不能回归"生者的世界"。然而，至少死者不是机器。村上的"我"固守的是不受任何限定的任意性世界。

村上的"我"与大江的"我"完全不同。那是佯装不知道"自我"存在的"自我"，是那种绝不受"挫折"的"自我"。大江的"我"是不断被置换成其他"意义"的比喻。相反，村上的"我"是存在于一种态度中的超越论自我意识。那种态度就是通过毫无根据地痴迷毫无意义的事物，来藐视有意义和因某种目的而迷恋某个事物的他人。

再次重申，这就是国木田独步带到"近代文学"系列中来的特点，就是其重复。换言之，即放弃现实的"斗争"并把它变成内心胜利的骗术予以再现。村上春树看起来好像否定了近代文学的"精神"和"风景"。实际上，他带来的是全新层次上的"精神"和"风景"。这种唯我论的世界对当今年轻的作家来说，成为不证自明的大本营。

二

1

我讲过《1973 年的弹子球》是对《万延元年的

Football》的戏仿。这不仅体现在"1973 年"和"万延元年"的对比中，通过"弹子球"和"Football"的对比，亦更清楚。

列维-斯特劳斯在比较游戏和礼仪之后，做了如下论述：

于是游戏似乎具有一种分离性的效果，游戏结束时在比赛者或比赛队之间造成一种区别，而起初他们之间并未显示出不平等来。游戏结束了，他们被分成胜负两家了。另一方面，仪式则正相反；它是结合性的，因为它导致联合（在此甚至可以说是交融），或者无论如何导致起初分离的两组人之间建立起一种有机的联系（这一联系在一定程度上使一方为祭司者个人，使另一方为信徒全体）。因而对于游戏来说，对称性是预先规定了的；而且它具有结构性质，因为它来自这样的原则，即游戏规则对于双方都是相同的。这样，不对称性是由人们制造的；它必然来自事件的偶然性质，后者本身应归于意图、运气或才能。对仪式来说则相反：在圣与俗，信徒与祭司，生与死，入族者与未入族者等等之间预先就假定存在着不对称关系，而且这种"游戏"在于借助那些其性质和配置都是真正结构性的事件，来使一切参加者都达到胜者一方。游戏像科学一样（虽然这里也是既在理论平面上又在实践平面上）借助一个结构来产生事件，因而我们能够理解竞技游戏何以会在工业社会中如此盛行。另一方面，仪式和神话，正像"修补术"（工业社会如果不是把它当作一种"嗜好"和消遣的话，是不会再容忍的）一样，使一组组事件分解和重新组合（在精神的、社会历史的或技术的平面上），并把它们用作结构模式的许许多多不可破坏的零件，在结构的配置中这些零件轮换地被用作目的和手段。①

当然，我并不是为了解释村上春树正在恢复神话和仪礼中的"野性的思维"才引用上面这段话的，而是为了说明"Football"和"弹子球"是多么不一样。

《万延元年的 Football》的"Football"，就是列维-斯特劳斯所说的竞技。大江拿来"Football"是为了把历史看作"由结构"创造出来的事件。如果没有这样的视角，像《万延元年的 Football》这样的题材会写成老生常谈的历史小说（物语）。但是，这部小说如果作为由结构创做出的事件来写的话，"历史"就会消失。

"历史"存在于结构的外部。换言之，是作为非相称（对称）关系中的交流而产生的。实际上，人们所

---

① 《野性的思维》，此处采用李幼蒸的译文，见中文版第41—42 页，北京：商务印书馆，1997。

说的事件大多数都是由结构创做出的。但是，存在绝不能还原到结构的事件性，只有这些才可以称为历史。"万延元年"和"Football"的结合，可以说意味着在结构中看历史，在历史中看结构的一种企图。相比之下，"1973年"和"弹子球"的结合又如何呢？"1973年"只是数字。"1973年9月……恍若梦境。1973年，我从未认为真正存在那样的年头。这么想着，不由觉得滑稽透顶。"所谓"1973年"，只不过作为符号（差异）而存在着。

另一方面，从结果来看，弹子球好像和Football一样创造出胜者和败者这一非对称关系。但是，说机器是胜者很可笑，说玩家是败者也有些奇怪。胜败不能成为事件（如果与另外一个玩家比赛的话，那另当别论）。从某个意义上讲，玩家总是输。但是，这并不会形成事件，因为玩家可以重玩。他们只是在这机器的规则当中活动，只是受到考验，在测试究竟把这些规则掌握到何种（身体性）程度了而已。

通过弹子球这个比喻，村上想说的是历史乃从结构（规则体系）中创造出来的事件，而且历史早已不存在了。"1973年"和"弹子球"的结合仅仅强调作为游戏的反复。"同一天的周而复始。若不在哪里留下折痕，说不定产生错觉。"这部作品的结尾，也是这样描写的："车门'啪'一声关上，双胞胎从车窗招手。一切周而复始……"而对于弹子球做了如下叙述：

然而弹子球机不会将你带去任何地方，唯独"重来"的指示灯闪亮而已。重来、重来、重来……甚至使人觉得弹子球游戏存在本身即是为了某种永恒性。

关于永恒性我们所知无多，但可以推测其投影。

弹子球的目的不在于自我表现，而在于自我变革；不在于扩张自己，而在于缩小自己；不在于分析，而在于综合。

假如你想表现自我和扩张自己，那么你恐怕将受到警示灯的无情报复。①

的确，在这种游戏中，普通意义上的自我扩大和自我表现会受到否定。这是因为玩家只有遵守规则，即使成绩提高也并非"自我发展"。但是，这个游戏由一个人完成，而且，这个世界只对他存在。世界依存于玩这个游戏的玩家的随意，玩家即超越论的主观才是呈现出这个世界的主体。正如后面将要论述的那样，《世界的尽头与冷酷仙境》就是这个主观的产物。总之，看起来迷恋这种游戏的时候，经验性的自己被迫缩小，关注超越论自我则极端地膨胀。

---

① 《1973 年的弹子球》，林少华译，上海：上海译文出版社，2008。

今天的计算机游戏无疑是弹子球的后裔，在此近似于"神话和仪礼"故事（物语）毫不害羞地得到复活。这一点值得注意。当然，科幻小说（SF）也是神话的现在形态。在这个意义上，《寻羊冒险记》和《世界的尽头与冷酷仙境》复活那样的故事，一点都不奇怪。

2

这样的认识已经在《且听风吟》中，作为"宇宙的观念"和"风之歌"来叙述了。

"再过 25 万年，太阳就要爆炸……OFF。25 万年，时间也并不很长。"

风向他窃窃私语。

他一向认为，既然小说是一种情报，那就必须可以用图表和年表之类表现出来，而且其准确性同量堪成正比。

对于托尔斯泰的《战争与和平》，他往往持批评态度。他说，问题当然不在量的方面，而是其中宇宙观念的缺如，因而作品给人印象不够协调。他使用到"宇宙观念"这一字眼时，大多意味该作品"不可救药"。①

----

① 《且听风吟》，林少华译，桂林：漓江出版社，1996。

上面这样的认识，简单来说就是信息理论。当然，"信息"是针对"意义"或者"物质"而使用的。信息就是差异，意义和物质被还原到那里。一般认为：信息理论带来了既不是观念论也不是唯物论的，并且一元化地贯穿自然史（包括文化史）的新视角。借用贝特森的话来说，这是本世纪最重要的知性革命。

村上春树在将双胞胎姐妹命名为 208 和 209 的时候，即使换成 0 和 9（on 和 off）也无所谓，也就是说，只有差异（二项对立）才是问题。且不说双胞胎长着怎样的面孔，有什么想法，就连她们是否真实存在都无足轻重。那是因为我们为了认知某个事物的真实存在，必须把它作为某种差异来把握。青蛙并不是把虫子作为虫子来认知，而是在虫子动的时候来认知。换言之，对于青蛙来说，只存在虫子的移动（差异即信息），而没有虫子的真实存在。何况，并不存在虫子的观念（意义）。村上在这些作品中讲的就是这种信息理论，他把它与历史的缺位和无结果结合在一起。但是，这里存在错觉，或者有意的错误。

例如，意义和物质都是在被体验的基础上，才能被还原（打引号）的。又如，把这一页纸上面的活字变成罗马字，然后把它打乱，使其完全没有意义。一般认为这时信息为零，熵（也就是不可靠度）是无限大。接下来，重新摆一遍，各个地方就开始具有意义了。某一种摆法有意义的时候，这与最初的混沌相比，计算在多大概率上能够成立（严密地说就是概率的逆数）就是信息量。假如是这样的话，很明显意义被还原为信息这样的说法就是错误的。如果没有确认意义的主体，就不能计算信息量。

索绪尔提出语言是差异体系的时候也如此。他从"叙事主体"的意义体验开始，把它打上现象学式的括号后找出其形式（差异）。换言之，所谓结构或者体系是以已经确立的主体为前提的，这就是超越论的主观。

这在把物质还原为信息的时候，也可以这样看。用信息理论阐述世界的人是超越论上的主观，只不过总是被隐蔽或者被忘却。思考宇宙的起源和寿命的科学家其主体超越了这个自然史。不顾太阳 25 万年后会爆炸，还是银河系的寿命再有多少年会结束，指出这些问题的人已经超越了这种有限性。有关宇宙毁灭的叙述者强调经验性自我的有限性和无意义。通过这些来确认超越论自我的无限性。当然，科学家只是在某种约定的领域中进行计算。开始对历史和文化超越某个领域进行叙述的时候，他们已经不是科学家，而只是陈腐的哲学家。

再重复一遍，信息和结构不是"客观地"存在的，实际是在意识上通过打引号（现象学还原）而被发现的。可是，它却被看作存在于意识之外的东西，由此"意识"受到攻击。这是错觉。但是，这个错觉或者不如说有意的错误，在村上春树那里乃是超越论上的自我意识在悄悄地确认其优势。

"不过人还是不断变化的。至于这变化有什么意义，我始终揣度不出。"鼠咬住嘴唇，望着桌面沉思，"并且这样想：任何进步任何变化终归都不过是崩毁的过程罢了。不对?"

"对吧。"

"所以对那些兴高采烈朝'无'奔跑的家伙，我是半点好感都没有，没办法有。……包括对这个城市。"①

这里所说的"那些兴高采烈朝'无'奔跑的家伙"，就是"那些兴高采烈朝意义奔跑的家伙"。但是，讲"任何进步任何变化终归都不过是崩毁的过程罢了"这句话的叙述者由此确保了超越论上的自我意识的优势。这就是已经讲过的浪漫式反讽。

20世纪70年代以后，历史仅仅是结构性事物的变形这一观点与信息理论以及结构主义一起大行其道。例如，"人死了"这一米歇尔·福柯的名言也来自此。但值得注意，这都是关于历史的超越论意识。的确，"人"已经死了——因为那仅仅是各种结构的结果（效果）——只有"人死了"这一意识或者"历史终结了"这样的意识得到了确保。这在还缠住"人"和"历史"

---

① 《1973年的弹子球》，林少华译，上海：上海译文出版社，2008。

这种意义不放的人们之蔑视中，确认自己的优势。如此一来，后现代主义就以某种形式唤回了早已应该埋葬掉的浪漫式反讽。

3

前面，我讲到《1973 年的弹子球》是对《万延元年的 Football》的一种戏仿。但是，这与《堂吉诃德》《包法利夫人》对骑士故事和罗曼司故事的戏仿不同，应该称为模仿。弗雷德里克·詹姆逊从中发现了后现代文学的特质。

> 在此模仿出场同时，戏仿就失去了有效性。所谓模仿的确与戏仿一样，是在模仿特异性或者独一无二的风格，戴着文体的面罩，用死去的语言叙述。但是，模仿是用中立的立场来实践这样的模仿，不具有戏仿那种隐秘的动机，即没有诙谐的刺激和嘲笑以及被模仿的事物与其比较显得滑稽那种存在标准（规范性的）的感觉。模仿就是无表情的，即失去幽默感的戏仿。如果戏仿是被维因·布斯称之为 18 世纪温和的滑稽反讽的话，模仿就是一个奇妙的实践、一个无表情反讽的现代化实践。（《后现代主义与消费社会》）

事实上，村上春树在处女作《且听风吟》中指出：

"我这里所能写出来的，不过是一览表而已。既非小说、文学，又不是艺术。"换言之，这是模仿。尽管《1973年的弹子球》和《寻羊冒险记》所表现的好像是"一个无表情反讽的现代化实践"，但是，其中隐藏着强烈的执著和颠倒的意志。

这种"隐藏的动机"在村上以后的作家身上并不存在，那是实实在在的模仿。就如同对于国木田独步以后的作家来说，"风景"已经不是颠倒而是不言自明的一样。值得注意的是，戏仿和模仿这一历史性样式中存在的反讽是另一种反讽，即浪漫式的反讽。因而，思考日本的后现代主义时，我们尤其不能忽视这一点。

例如，《寻羊冒险记》中，"我"受到一个右翼政治幕后人物的组织委托去寻找"羊"。这个幕后人物在1936年突然"在所有方面一跃位居右翼的首领"，翌年，去了中国大陆，战后又建起了"强大的地下王国"。这个王国包括了"从权力到反权力的一切"。而且，那是一个"甚至没有意识到所有的一切、自己都纳入其中"的很世故的组织。这个幕后人物濒临死亡，组织处于崩溃的危机。因为，如果这位"先生"死去的话，支撑组织的"意志"就会丧失。

"——先生近两个星期昏迷不醒，估计再不会清醒过来。一旦先生亡故，背上有星纹的羊的秘密也就永远埋葬在黑暗中，而这一点我无论如何都无法接受。不是出于个人得失，是为了更大的大义。"

我打开打火机盖，推砂轮点火，又合上盖。

"你大概觉得我的话荒唐无聊。或许那样，或许真的荒唐无聊。我只是希望你理解一点：剩给我们的除此无他。先生死去，一个意志死去，意志周围的一切也将死绝。剩下来的唯有可以用数字计算的东西。此外一无所剩。所以现在我想找到那只羊。"

他第一次闭了几秒眼睛，闭目沉默。"说一下我的假设，无论如何只是假设——不中意忘掉就是——我认为正是那只羊构成了先生意志的原型。"

"好像在说动物形小甜饼。"我说。对方未予理会。"羊大约已进入先生体内。估计是1936年进入的。那以后羊在先生体内住了四十多年——"①

被称为"羊"的观念大概是与"个体的认识以及进化的连续性这一西欧人道主义"相对立的东西。从后者看来，只剩下"等质和概率的世界"、"用数字计算的东西"。换言之，世界变成了信息论化的。"你们在60年代后半期开展的或准备开展的意识扩大化，因其植根于个体故而一败涂地。也就是说，倘若个体质量未

———————

① 《寻羊冒险记》，林少华译，上海：上海译文出版社，2007。

变，而仅仅一味扩大意识，那么最后等待你们的只能是绝望。我所说的平庸即是这个意思。"与此相反，"羊"这一观念否定植根于个体的思考，针对"等质和概率的世界"，它是保证"意义"的东西。

"羊"这种观念具体意味着什么呢？对此村上决不做解释。但是，也可以说他随处都在解释。

从这部小说中出现的右翼的故事，很难不会想起那些事："60 年代后半叶""植根于个体"的学生运动兴盛期间，有一个人与此相对抗，提倡依靠天皇制的"文化防卫"；而且，制造了模仿 1936 年（昭和十一年）"二二六"事件的事件后便自杀。村上春树在明确地暗示却又否定。也就是说，三岛由纪夫的名字如下面引用的那样，与其说若无其事，不如说是故意炫耀地暗示，同时，又当作"反正都跟我们无关"而予以否定。这才是"无表情反讽的实践"。

> 我们穿过树林，走到 ICU 校园，一如往日坐在休息室咬热狗。下午两点，休息室电视上翻来覆去推出三岛由纪夫来。音量调节器出了毛病，声音几乎听不清。反正都跟我们无关。[1]

---

[1] 《寻羊冒险记》，林少华译，上海：上海译文出版社，2007。

在这部作品的结尾，"鼠"查明"羊"的情况后自杀。因为"羊"已经进入他的体内。"简单说来，我是吞进羊死的。——真的必须那么做。因为再晚一点，羊就要彻底控制我。那是最后的机会。""鼠"说自己是通过自杀而杀死进入体内的"羊"。这一点，正如前面已经讲过的那样，大江健三郎的《万延元年的 Football》中的人物鹰四唤起的、进而试图通过自杀而废弃掉的存在于近代日本话语空间的第Ⅲ象限，即亚洲和民权这一坐标轴的"暴力"的领域。可以说，村上春树称为"羊"的就是这个领域。

但是，与其说三岛由纪夫谋划的未遂政变和自杀也扩大了"羊"的观念，倒不如说给了此观念最后一击。三岛在临死一个星期前的对谈中，谈到他的行动将是"最后的"行动，不可能有"后续者"。也就是说，三岛一面夸耀"羊"的观念是最辉煌的，一面亲自杀害了它。在三岛看来，自杀是对最大限度地蔑视经验性自我的"超越论自我"的证明。

如果"在反讽当中，一切都是游戏，同时一切都是认真的"（哈特曼），那么，指责三岛的行为是有意识的伪造和欺骗，则不免愚蠢。另外，假设反讽中"一切从心底坦白的同时，一切又被深藏起来"的话，探讨三岛的"动机"和"原因"，就是愚蠢透顶了。因为反讽不是心理问题，而是思想问题。

三岛事件体现的并不是今天"羊"的观念仍然延

续着生命，而是通过最大限度地实现否定个体的"羊"的观念，想要成为"最后者"的个体（超越论自我）的"意志"得到延续。村上春树意识到了这一点。但是，成为"最后者"的不是三岛而必须是村上自己。换言之，显示"1970 年 = 昭和四十五年"完全终结的必然是村上自己。

村上春树也是"一切从心底坦白的同时，一切又被深藏起来"那一类型的作家。在此找出心理上的"谜底"或者使其神秘化，都是拙劣的。《寻羊冒险记》表现的不是对"等质和概率世界"的反抗，而是积极选择这个世界的自我意识的优越性。其中，或许在"无表情"之中"延续着"浪漫派反讽的生命力。

4

但是，超越一切的超越论自我被封闭在唯我论之中。正如康德所说的那样，这是因为由先验性"形式"所构成的事物以外的现实（物自体），即使存在也无法知道。世界依存于任意的"形式"，这是村上春树的想法。

总的说来，我这人对世上种种事象、事物和存在恐怕都习惯做权宜式考虑。这并非因为我属于权宜式性格——当然我承认自己有几分这样的倾向——而是因为我发现对于世上大多数情况，较之正统式解释方法，采用权宜式把握方式更能接近事物的本质。

由此之故，我便尽可能从权宜的角度来观察事物。我的看法是：世界这东西委实含有各种各样的简言之即无限的可能性，惟其如此才得以成立。而对可能性的选择在某种程度上则是由构成这个世界的每一个人来决定的。所谓世界，便是由浓缩的可能性制成的咖啡桌。①

这里所说的"可能性"并不像后面将要讲的那样，它并非关于状况（modality）的东西，而与 SF 所讲的可能世界论相近。那就是说"世界"是靠某个公理系形成的，所以，选择别的公理系的话，别样的世界就成为"可能"，如此而已。例如，选择了存在独角兽这一公理系的话，这样的世界就会存在。

当然，这种讨论出现在非欧几里得几何学当中。"形式主义"的希伯特认为即使咖啡桌的几何学也是有可能的。因为数学并非依靠对象，而是依存形式公理体系。选择某个公理的话，就是欧几里得几何学，选择别的公理的话，就成为非欧几里得几何学。但后来，正如哥德尔所指出的那样，这种观点遇到了根本性的困难。

——————

① 《世界尽头与冷酷仙境》，林少华译，上海：上海译文出版社，2002。

换言之，那就是从属于这个世界（历史）的自己恰似以超越论确定基础那样看世界时所遇到的悖论。在《世界尽头与冷酷仙境》中，村上春树创造出任意的世界。但是，在这部作品的结尾处，"我"讲了下面这番话。

> "再说一遍：原因不尽如此。"我说，"我发现了造就这镇子的究竟是什么。因此我有义务，也有责任留下来，你不想知道这镇子是什么造就的？"

> "不想知道。"影子说，"因为我已知道，这点我早已知道。造就这镇子的是你自身，你造出了一切：围墙、河流、森林、图书馆、城门、冬天、一切一切。也包括这水潭、这雪。这点事我也清楚。"

不言而喻，这是一开始就明白的。构成这个世界的是"我"。无论怎样想象可能性的多数世界，其自身既然是超越论自我的产物，村上就摆脱不了这个唯我论。但是，他也没有打算摆脱。在这里，村上春树所说的"责任"是什么呢？"'我有我的责任，'我说，'我不能把自己随意创造出的人和世界抛在后面。……这里是我自己的世界。墙是围困我自己的墙，河是冲走我自己的河，烟是焚烧我自己的烟'。"

这和《1973 年的弹子球》中，我找到一台弹子机，面对机器时一样。面对无所谓的"自己随意创造出的"事物时的"责任"，就是"无责任"的别名。强调对于无意义的事物时的责任，就是把责任无意义化。这样，"无责任"积极地作为"伦理"来叙述。也就是，一切是游戏，同时一切又是认真的。

村上春树在宣告：那是我们对已经属于的世界或者他者性的逃亡。例如，《1973年的弹子球》中最初出现的"直子"，这个名字值得注意。其他的名字全都是任意的符号，所以，世界仅仅是"我""自己随意创造出的"，与此相反，这种司空见惯的名字作为特异性的事物存在而抵抗着随意性。

例如，索绪尔在其语言学当中排除了名字。那是因为名字会强加给人一种思维方式，总是把语言作为附着于对象的东西来看。我们说普通名是针对固有名称而言的。但是，严密地说，普通名不是名。普通名这个说法使人想到语言好像就是事物的名称。所以，索绪尔通过排除名字反而能够作为区分对象抽出来，构成对象，而不是连接对象。但是，那就舍弃了本来的名字，即固有名称的问题，而从根本上割舍掉了语言与外界的联系。所以，就会产生一种观点，简直就像语言的任意差异化可以随便改变对象世界似的。这和康德以后观念论的产生是平行的，即，出现了产生世界的"自我"（费希特）和"精神"（黑格尔）。今天，这被称为"文本"。

在消费社会，这样的观点的确具有某种现实性。事实上，20世纪80年代，某类广告作家和理论家就曾像下面这样狂妄地叫嚣：

老老实实的翻译也好，自欺欺人的人造黄油广告词也好，在根本上是一码事。不错，我们是到处卖弄空洞词句。跟你说，真诚的话语哪里都没有，如同哪里都没有真诚的呼吸真诚的小便。①

但是，以为广告复制就是让商品好卖，这种想法是经济繁荣时期的错觉。销售者很快就会正视到，使用任何广告"东西"照样卖不动这一"现实"。这种现实不是商品与语言之间的关系问题。原本，卖得了或者卖不了是与他者的关系问题。认为随意就能构成世界这一想法的破灭来自作为他者的外部性，而不是作为对象的外部。

固有名称之所以重要，并不是由于它和对象的结合，因为它一直是由他者给与的。换言之，固有名称体现了超越论的主观难以逾越的世界之外部性。例如，创造出世界并使其结束的"精神"，当它被用黑格尔这个名字称呼时，那就会立刻从属于历史了。

所以，村上春树拘泥于名（固有名称）。在他的作品中，何谓名不断受到追问。

"乖乖！"司机向猫说道，但毕竟没有伸手，

①《寻羊冒险记》，林少华译，上海：上海译文出版社，2007。

"叫什么名字呢?"

"没有名字。"

"那么平时怎么称呼呢?"

"不称呼。"我说,"只是存在。"

"问题是它并非一动不动,而是由意志驱动的吧?由意志驱动的东西没有名字,总觉得有些奇怪。"

"沙丁鱼也受意志驱动,可谁也没给它取名字嘛!"

"可沙丁鱼同人之间没有情感交流,况且叫名字它也理解不了。当然喽,取名是人的自由。"

"你的意思是说,可以同人进行情感交流且有听辨能力的动物是具有被赋予名字的资格的,是吧?"

"是那么回事。"司机自以为是地点几下头,"如何,我随便给取个名字可以么?"

"完全可以。取什么名字?"

"沙丁鱼怎么样?因为这以前它等于被作为沙丁鱼来对待的。"

"不坏。"我说。

"是不坏吧?"司机露出得意。

"你看呢?"我问女友。

"不坏。"她也赞成,"天造地设似的。"

"沙丁鱼在此!"我说。

"沙丁鱼，过来！"司机抱过猫。猫怯生生地咬司机手指，继而放了个屁。①

　　在此，超越论的主观构成一切这个神话代替了神命名的神话，如此而已。在这样的讨论中，普通名和固有名称总是被混淆。一般来说，上面那样幼稚的议论是唯名论者的观点。唯名论者并非主张个体是实体，那是靠固有名称来表现的。（这种情况下，所谓个别物并非只意味着物。例如，也包括1969年这样的事件。所谓个别物 indivdul 就是再往下分解的话会消失的事物以及事实的单位。）这个观点被罗素论述得很透彻。根据罗素的观点，所谓固有名称必须被排除。指示真正的主语＝实体的固有名称是称为"这个"或者"那个"的东西，普通的固有名称，正如富士山这个名字可以被置换为"日本第一高山"这一确定性记述那样，被认为消解在谓语的语束中。这样，与索绪尔不同，在别的意义上固有名称被消解了。

　　例如，给猫起一个名字叫沙丁鱼并不奇怪。即使起名叫猫也无妨。固有名称之所以成为固有名称既不是由于个别物的性质，也不是由于名字的性质。名关系到人对于个别物的态度。这并不是单纯作为"这个"或者

---

　　① 《寻羊冒险记》，林少华译，上海：上海译文出版社，2007。

类型中的这一个来看，而是关系到把个别物看作"别无选择的，就是此物"。讲到把固有名称消解到确定性记述中，就是把它消解到谓语的语束中，换言之，消解到一般概念（集合）的概念群中。村上春树拼命尝试的就是消除固有名称，换言之，就是把世界变成任意的。

批判罗素的观点而恢复了固有名称问题的克里普克，通过引入可能世界这一状况理论而使自己的批判得以实现。例如，在反事实的可能世界里，可以说"富士山不是日本最高的山"，但不能说"日本最高的山不是日本最高的山"。思考可能世界本身依存的是固有名称。这样，克里普克认为固有名称不但是指代，而且使指代得以固定下来。

关于这个问题，我在别的地方做过详细研究，因此，这里仅指出下面一点（参见《作为隐喻的建筑》），即，所谓"现实"者，从认识论上来思考时，对于可能性、必然性和偶然性，与从状况论上来思考时完全不同。索绪尔和罗素所说的世界和现实主要是从认识论上看到的。例如，"1973年这个年份存在吗？"这一村上春树的问题也是认识论上的问题。其答案是：那仅仅是我们随意构成的。但是，作为固有名称的"1973年"表示一个现实性，那就是说，存在某个事件，而且这个事件也可能是其他，但现在是这样的。它不能随意被消解。

例如，小林秀雄写了下面这段话：

人怀有各种可能性来到这个世界。他可能成为科学家，也可能成为军人，又可能成为小说家，但是，他不能成为他以外的什么。这是值得惊讶的事实。①

所谓现实性，是在其他可能性中作为"别无选择，就是此物"而存在的；而所谓浪漫派就是对这种被限定性的逃亡。正如《世界尽头与冷酷仙境》中的"我"那样，把现实性作为无限可能性中的任意一个来看，但是，这本身却显示了他的受到限定。

"历史"就是这个意义上的"现实"。对此，小林秀雄试图把这个值得惊讶的"现实性"作为"必然性"（宿命）来接受。但，那也只是确保超越论主观之优势（自由）的另一个手段。"历史"很快就从这里消失了。

5

村上春树的信息论式世界认识或者"历史终结"式的认识，就是对这个意义上的"现实性"的逃亡，也即浪漫派式的拒绝。换言之，那就是对固有名称的拒绝。但是，前面已经讲过，尽管他企图把固有名称改为示差性的符号、典型的数字，但这是做不到的，村上在

---

① 《各色各样的创意》，收入《小林秀雄全集》第 1 卷，东京：新潮社，1968。

《1973 年的弹子球》的开篇就宣告了这一点。那就是直子这个名字。"直子"不是"我"随意起的名字。这个名字表示唯一难以代替的"这一个"。"1969 年"也是一样。

但是，直子再次出现于《挪威的森林》中。同时，"1969 年"也被进行了历史的回顾。在固有名称得到恢复这一点或者与"1969 年"的关系上，村上春树的《挪威的森林》值得与几乎同期创作的《寄给难忘岁月的信》进行比较。正如大江健三郎在这篇作品中是从20 世纪 80 年代中期回顾自己的作品《万延元年的 Football》一样，村上春树在《挪威的森林》中，从20 世纪 80 年代中期回顾了《1973 年的弹子球》中的世界。本来，如果把《1973 年的弹子球》看作是对《万延元年的 Football》的戏仿，那么，这两个作家在同一时期遇到了相同的问题。

20 世纪 80 年代里发生了什么呢？那就是不管在否定的姿态还是在逃避的姿态上，他们固守的对象急剧消亡了。具体地说，到了 80 年代中期，人们认为日本资本主义好像要超过美国而称霸世界似的。这一时期，"后现代"一词开始在日本流行。这在日本的语境中意味着"近代的超克"这一口号得到了实现。实际上，近卫内阁依靠"新体制"（1940）制定的计划在这一时期实现了。日本社会自明治以来所为之苦恼的"难关"（竹内好）似乎消失了。这也意味着一直支撑日本近代文学（小说）存在的东西消失了。

难关的消失使作家们开始回顾它曾经存在的时代。只不过，此时大江健三郎的《寄给难忘岁月的信》充满了丧失和"悲伤"的感情，相反，村上春树的《挪威的森林》却泰然处之。他在《1973 年的弹子球》中，提到通过反讽而逃避掉的世界。简单来说，村上已经从"直子"这个名字所显示的历史中解放出来。反讽一旦从浪漫的反讽中挣脱出来，就只剩下浪漫了。也就是说，村上在《挪威的森林》中仅仅写了爱情故事（love story）而已。

迄今为止，既然依靠反讽从不断逃亡的历史中得到了解放，那么反讽已不再需要，也没有了意义。[①]

没有必要那样"佯装无知"。知道"1960 年"的人已经很少。岂止如此，认真领会村上反讽的人占了一大半。村上曾经通过价值颠倒而发现的"风景"，正是今天全球化时代不证自明的风景。

---

① 1960 年是鲍比唱《我爱球》的那年。（《1973 年的弹子球》）

第四章　近代文学的终结

1

阅读大江健三郎的《寄给难忘岁月的信》，使我想起了劳伦斯·达莱尔的《亚历山大四重奏》。[①] 小说的第一部是通过"我"这个小说家叙述者书写的，第二部则采用"我"反省并重写这部小说的形式。第三部是以第三人称客观小说来写的，"我"作为其中的一个人物被彻底地相对化了。第一部和第二部写的男女关系的世界在第三部中作为政治的世界来描述。第四部再次采用"我"的视角。"我"受到一个叫克莱亚的女人引导，达到一种自我认识，最后从写小说这一意识中摆脱出来。在从前（Once upon a time）故事开讲之处，小说

---

① 关于此处论述的达莱尔问题，我曾经写过硕士论文（《亚历山大四重奏的辩证法》，收于《柄谷行人初期论文集》，东京：批评空间，2002），那正好是《万延元年的 Football》出版的那年。读到把那一年作为"难忘的一年"的大江健三郎《寄给难忘岁月的信》时，我才想起自己也写过的内容。

结束了。

《亚历山大四重奏》是恋爱小说、政治小说，从别的观点来看，亦是成长小说或关于小说的小说。在与马克思主义者的观点不同的意义上，这是"全体小说"。其全体性不是依靠各种观点被综合，而是视角（主观性）本身作为绝对的主观性或者说因为视角本身的消失，才是全体的。小说的最后阶段，"我"已经停止写小说。这样，"故事"在最后被表现出来。

这样看就很清楚，这是一个对应黑格尔《精神现象学》的结构。也就是说，四部曲分别对应自然意识、自我意识、理性和绝对知识，即作为小说家的"自然意识"达到绝对知识的过程。同时，这也是小说本身接近终结的过程。达莱尔本人是把四部曲（四重奏）的结构作为相对论的"时空连续体"来考虑的。他不仅完全没有意识到黑格尔，甚至根本没有读过。从相对论角度可以想到的也只有四维度＝四部曲这一结构。实际上，采用《精神现象学》的结构并非必然。可是，在此之所以与黑格尔相似，是因为小说和写小说，或者小说与小说作者是不能分开的。黑格尔的现象学是"意识的经验之学"。所谓意识的经验，意味着对象经验的同时又是关于对象经验的意识，也就是自我意识的经验。所以，这是向前运动的主体（主观）同时又是从"终结"所做的回顾，即"精神"回归自我的运动。

当小说显示出难以与小说意识以及小说创作意识区

别开来的时候，这已经预告了小说的终结。达莱尔与之对抗的就是普鲁斯特的《追忆似水流年》，或者因为追求终结反而使终结拖延下去那样一种犹太式的时间性。达莱尔把爱尔兰式的幽默放在与其对立的位置上，那就是"生活在永远循环的时间当中"（大江健三郎）。也许可以说，达莱尔脱离物理学的意思，从爱因斯坦的时空连续体这一概念获得了超越线性延伸的"时间"观念的启示。但是，实际作品的结构一直与黑格尔相似。

在《寄给难忘岁月的信》当中，但丁的《神曲》成为提供结构和意义的关键文本。但《神曲》是灵魂（精神）达到净化之前的"经验"的记录。从这个意义上可以说，黑格尔也创作了他自己的《神曲》。更进一步说，《寄给难忘岁月的信》的视角与日本私小说作家的"临终的眼"似是而非。"临终的眼"也是老年性的，那只不过是心理上的主观。

例如，康德所说的主观实际上意味着构成世界的"劳动"主体，即，那是通过假说和实验获得真理的近代科学的基础。在黑格尔那里，精神作为产生世界的变形的劳动，《精神现象学》中的"意识经验"仅仅是"精神劳动"。同样，《寄给难忘岁月的信》所写的"经验"主要是 work（工作＝作品）。这不但是"我"在外界中遇到的经验，而且是作为构成其经验的作家经验。正如达莱尔那样，《寄给难忘岁月的信》不知不觉地与黑格尔近似的另一个理由在于"意识的经验"只有通过劳动才能实现。事实上，大江健三郎是唯一一个自觉意识到并清楚地讲过（三岛由纪夫除外）这种看法的作家，即小说不是天才的工作和偶然的事件，而是"劳动"。

但是，这里所引用的 work 是作为"大江健三郎"的作品而被了解的。所以，人们也许会把这些作品作为私小说或者自传来读。而且，也许会读出大江自己所做的犀利的"自我批评"或者巧妙的"自我拥护"。但同时需要注意，这其中的人物以吉哥哥为代表，他们都是在此处引用的文本中生成起来的。例如，在这部作品中，《万延元年的 Football》作为"我"曾经写过的作品而被回顾，而《寄给难忘岁月的信》的素材就来自这部作品。又如，在《寄给难忘岁月的信》中，吉哥哥虽然成了《万延元年的 Football》中鹰四的模特，但实际上却正相反。换言之，《寄给难忘岁月的信》这个文本好像要写文本之外的世界和历史似的，但实际上仍然存在于文本的内部。

即，"我"看上去像"大江健三郎"，但并非如此。这部作品很明显是"大江健三郎"这位作家所写的自传，可另一方面却全都由文本独自构成。一方面，这既是"我"的体验，同时又是文本这一主体的自我实现。在黑格尔那里，个体的"意识经验"另一方面成为"精神"的自我实现这一形式。从这个意义上可以说，《寄给难忘岁月的信》完全是黑格尔式的结构。作品的最后出现了这样的情景：

　　吉哥哥！与这个画面重叠，我想到了那个早晨
天窪大桧岛的景色。吉哥哥躺卧在草原上，不远的
地方，阿雪和妹妹在采摘花草。我也情不自禁地躺
在吉哥哥的身边。阿亮和阿友好像也加入了采摘的
行列。太阳暖洋洋地照耀着杨树的嫩芽新绿，大槽
的深绿也被夜间的雨水冲洗干净，对岸山樱树上的
白色花朵迎风招展。时间慢慢地消逝。因为一个威
严的老人冒出来训斥我们，为何如此停留？快跑上
山去清除污秽，否则，神不会降临你们的头上。所
以，我们什么也顾不得匆忙朝大桧岛的山脚跑下
去……时间像循环一样流逝，吉哥哥和我重新躺卧
在草原上，阿雪和妹妹在采青草，姑娘一样的阿友
和幼稚天真、智障反而增强了天真可爱的阿亮加入
了采青草的组合。太阳暖洋洋地照耀着杨树的嫩芽
新绿，大槽的深绿的颜色更加浓重，对岸山樱树上
的白色花朵不停地摇动。威严的老人应该再次冒出
来叫喊，可是一切都像循环时间中的平静而认真的
游戏，急急忙忙爬上来的我们重新在大桧岛的青草
上嬉戏……

　　吉哥哥！我一直不停地给生活在那个难忘的岁
月中周而复始循环不停的我们写信。开始于这些书
信，在这个你已经不存在的人世间，那将成为我写

到生命尽头的未来的工作。—完—

在这种牧歌式的、一切都穿越否定后受到肯定的景象中，我们听到了 Once upon a time 的声音。在这里一切都被替换，一切都成为"循环时间中的平静而认真的游戏"。不言而喻，这就是黑格尔所说的"绝对知识"。

2

从人类学来说，"绝对知识"意味着"老年"。实际上，黑格尔是这样说的：

> 老年对于生活没有明确的兴趣。这是因为老年放弃了以前所怀有的实现理想的抱负。对于老年来说，与其说看起来未来好像没有新的约定，毋宁说，老年相信在将会遇到的某些事物中，自己似乎已经知道一般性本质的东西。这样，老人的感觉总是趋向这个一般者和过去，在过去中担负这个一般者的认识。但是，老人通过生活在对于逝去的以及实体性事物的回忆中，对于现在个别的以及随意性的事物——例如名字——完全失去记忆。这正像老人相反会在自己的精神世界固守经验带给的明智的经验教训一样，把对青年人的教诲看作自己的义务。但是，这样的智慧——即主观的活动与其世界如此缺乏生机的吻合——就是向不具有对立的孩提

时代的回归。那就像老年人的物理性有机体的活动依靠成为不具有过程的习惯走向活生生的个体性抽象否定——即死亡——一样。

这样，人的年龄变化作为依据各变化的概念所规定的整体而终结。而且，这些变化种类通过与个性共同实施的过程而被创造出来。①

这样，老年回归少年，循环得到完成。当然，这不是黑格尔特有的认识。从某个意义上讲，乃是与浪漫派诗人（例如，华兹华斯和柯勒律治）平行的浪漫派的根本问题。这里，精神的发展是通过对直接感性体验的内省而进行的，而这样的成熟也就是直接事物的丧失。黑格尔指出：

一个人越是有教养，他就越来越多地生活在自己与所有的直观同时产生的回忆之中，而不是在直接的直观中。于是，他几乎完全不看新的事物，一般新事物的实质内含都已经是熟知的。有教养的人同样特别满足自己的心象，几乎感觉不到直接性直观的必要。②

———————————

① 黑格尔《精神哲学》日译本，东京：岩波书店，2002。
② 黑格尔《精神哲学》日译本，东京：岩波书店，2002。

但是，例如，临近老年的人，比起为自己内省的洞察而自豪来，难道不羡慕充满盲目性的、野蛮的青年的行为吗？三岛由纪夫的晚年完全典型地示范了这一点。

　　大江健三郎在《寄给难忘岁月的信》中，以吉哥哥的语言作了如下的描写：

　　　　年轻的时候，也怀有某种悲叹的情感，可是，非常粗暴。我完全赞成这样的观察。时常想起自己的、还有你的，我们年轻时的面容叠加在一起。提起那个时代，话题会很模糊，但是，感觉是可以传达的。那个时候，阿K，你总是在意自己的脸，说你的额头窄。可是，今年春天，从电视上看到谈话的你，眼睛靠近额头，产生了一种感慨。

　　　　接下来，你所说的上了年纪，一旦留心，就会变成一种非常安静的悲叹。可以说，对于这样的感叹，我是阶段性、过程性地赞成。因为自己也想起直到前不久是这样自我觉醒的。但是，比你大五岁的我决不赞成下面的一段话。今后，随着年龄的增长，（作为非常平静的悲叹的）这种感情会不会继续加深呢？

　　　　上了年纪，突然会发生某种倒退。阿K，你有没有想到：也许一种非常粗野的悲叹在等待着自己？对于从来没有发自内心阅读但丁的你这样说也是无奈之举，他的地狱和炼狱中，充满了粗野的老

年人。看到你的谈话笔记，受到启发，我写了自己最近的动态向你汇报。祝愿你和阿友以及孩子们身体健康！吉

很明显，大江健三郎在写这部作品的时候意识到了"老年"。而且，其中也顾及了三岛由纪夫。大概大江健三郎迫于某种选择。

在不断加深的平静的悲叹中，达到"绝对知识"的是黑格尔，是浪漫诗人华兹华斯。他们认为这样失去的直接性会在内面的回忆中得以恢复。换言之，个别性的事物被吸收进一般性的事物中，偶然性的事物被吸收进必然性的事物中。黑格尔的哲学宣告了依据这种"内面化"的胜利。科耶夫是这样论述黑格尔的：

> 这样，他确切证明自己围绕一个圆环运动，并记叙之，即使希望进一步继续也只是来回兜圈子，毫无进展。即，确切证明进一步扩大延伸他的记叙是不可能的，可能的只有重复前面的记叙。
>
> 这就意味着黑格尔的话语吸取了思维的所有可能。把并没有成为他话语一部分的话语、没有作为整体的契机（Moment）体现在体系的一节中的话语与他的话语对立是不可能的。因此，黑格尔的话语可以理解为叙述了任何人都不能否认的

绝对真理。①

　　的确，黑格尔的体系包括一切。例如，批判黑格尔的青年黑格尔派（初期马克思也在其中）顾名思义只能是青年黑格尔，作为最终不具备客观性的主观存在，克尔凯郭尔也是青年黑格尔。如果"绝对知识"是反复全过程的话，从某种意义上说，尼采的"永久回归"已经被预见到了。但是，必须注意这样的圆环性在牺牲所有偶然性和直接性的"内面化"中才有可能。认为黑格尔的体系包含了一切，原因在于那只是思维的形式，反过来说，一切都失去了。例如，在黑格尔的《精神现象学》中，固有名称完全没有出现。正如前面引用的那样，黑格尔指出：老人"对于个别以及随意性的事物——例如名字——会失去记忆"，在这个意义上讲，"绝对知识"就是"老年"。

3

　　老年的"悲叹"越是达到一般性的事物，直接而个别性的事物就会消失；越是达到明视，盲目的行动性就会丧失。但是，还会意识到一般性和必然性当中存在着无法涵盖尽的个别性和偶然性。例如，这里有一只叫

---

　　①　亚历山大·科耶夫：《黑格尔导读》日译本，东京：国文社，1987。

阿黑的猫。这是属于猫这一类动物的个体。我们没有见过"猫"这一概念。任何人都是看到单个的猫，从此到达"猫"这一普遍性。阿黑这只猫也是这样的个体。认识即使从这样那样的个体出发，也必须达到普遍性。这种情况下，按黑格尔的观点来说，每一只猫中都已经包含了类。但是，叫阿黑的这只猫绝不会消解到猫的普遍性当中。对主人来说，这只猫是不可替代的。固有名称完全与这一个事物相关联，而"非其他"。例如，这只猫死的时候，主人的"悲伤"怎样才能得到安慰呢？"悲伤"是由于这只猫叫阿黑才发生的。

在黑格尔那里，忘掉固有名称趋向一般性的是"老年"，是"绝对知识"。所以，对他来说，拿破仑这个名字的个体仅仅是世界史理念（概念）的显象，或者说，理念包含在个体之中。拿破仑这个名字对黑格尔来说仅仅表示个别性，所以，应该消解到一般性当中。但是，抛弃拿破仑这个固有名称的话，世界也就消失了。在黑格尔那里，所谓世界的终结就是这个意思。实际上，它真正消解了个别性、偶然性时间，即消解了使历史成为历史的东西。

但是，在"悲伤"的深化上，我们必须承认个别性、偶然性的事件是必然的，即除此以外没有别的可能性。黑格尔的"绝对知识"就是这样的决断。大江健三郎也迫于这样的决断。例如，吉哥哥是这样说的：

——现在，正在写的小说还处于草稿阶段，所以说与最终的判断没有关系……阿K，叙述者为第一人称，正在以阿亮为中心描写家庭的故事。读了以后我感到疑问。迄今为止，阿K用第一人称我叙述小说的方法，只要描写战争期间孩子的记忆和住不惯的大城市中体验不安的青年，自己就会感到有说服力。那个我的确接近作家本人，但体现时代风俗的叙述者也是确切的。作品是一个社会现象，同时，一边兼职做家庭教师，一边在就餐券（第二次世界大战中以及战后由于主食限量，发给在外就餐者餐票——译注）餐馆吃饭的作家本身就是社会现象。我认为这里存在独立的意义。

但是，现在，阿K围绕实际的家族仍然用我这个第一人称写小说。就这样，你在写一个关于过了四十岁的我是这样生活的、正在生活的故事。正如你曾经在讲演中，引用漱石的悲惨主人公的台词，并按台词那样诉说："请记住！我是这样过来的。"但是，作为写小说的人，对于这样的做法是不是要坚定自我意识呢？阿K，你能经常意识到这种觉悟吗？（《寄给难忘岁月的信》）

"阿K"曾经用"我"作为个别同时又显示类型的文体写作，但是，从某个时期起，变成了"我"才是个别的这样一种文体。例如，《个人的体验》中，"我"

是特殊的同时又是普遍的。但是，在阿亮出场的小说中
未必这样。这一系列的作品中，固有名称得到恢复。吉
哥哥所说的是，能否赋予这种带固有名称的事件之世界
本身以普遍的意义。

《寄给难忘岁月的信》与《万延元年的 Football》
不同，其中出现了具体的地名和年代。如前所述，这大
致是自传性的。吉哥哥这番话是关于小说的叙述，同时
其本身也属于这部作品的内部。吉哥哥批评"我"，但
是，与吉哥哥的对话只是作为"我"的内省（自我对
话）而存在的。

例如，关于《个人的体验》是大团圆式的结局，
吉哥哥提议重写。"我"在深思熟虑的前提下表示拒
绝。然而，吉哥哥的批评实际上是把"三岛由纪夫的书
评""内面化"的。唐突出现的"三岛由纪夫"这个名
字是要把这部作品带进"历史"。但是，马上作为吉哥
哥的语言，换言之，作为"我"的自我对话而被内面
化。总之，《寄给难忘岁月的信》形成了在固有名出现
的同时通过"内面化"而消解为普遍性事物这一黑格
尔式的结构。

4

因为这是围绕结束的故事，所以，作为这部作品无
法回收的外部性，在此瞬间出现的"三岛由纪夫"这
个名字保留了下来。可以说，这部作品大致是作为对三

岛由纪夫的批判而创作的。而三岛由纪夫的《丰饶之海》也具有和黑格尔的《精神现象学》相同的结构。即，那是用四部曲（四重奏）描写了本多繁邦的"意识经验"。行动的主人公，即《春雪》中的松枝清显、《奔马》中的饭沼勋、《晓寺》中的月光姬这三个主人公外表及其他完全不同，但是，生存的方式是一样的。另外，他们的相同性仅仅靠本多繁邦就可以找到。本多认为那是同一性的轮回转生。

这样，《丰饶之海》一方面是主人公们"同一性的循环"，另一方面又是追求同一性的本多繁邦的"意识经验"。本多没有这些人物所具有的自然性、间接性。由于这样的隔绝，他是"自我意识"的。他所能够做到的是在终极的认识中恢复这种自然性、直接性。但是，本多没有达到这样的"绝对知识"。相反，他只是遭到了背叛，被置于老年的无果和屈辱之中。

最后一卷《天人五衰》中的主人公安永透，与前三卷的人物不同。他们生活在自己希望的命运中，可安永意识到轮回转生，努力证明与迄今为止的人物是相同的，即，安永是"自我意识"。安永只能是假冒的，正是因为他想成为真的。本多讨厌安永是因为他与自己是相同类型的人物。《丰饶之海》（此小说名字意味着月亮表面）岂止达到了可喜的绝对知识，按字面意思，它反而归结于荒凉的不毛之地。

在此，可以说三岛由纪夫模仿黑格尔同时又拒绝了他。黑格尔与之斗争的是施莱格尔那样的浪漫派的反讽，那是永远停留在"可能性"的状态。相反，黑格尔的态度是把存在的事物作为必然来接受。但是，战争期间，在提出浪漫派反讽的日本浪漫派中，作为最年轻的作家登上文坛的三岛，在过了不惑之年（40岁）的时候决定性地拒绝了这样的成熟。把"认识者"置于无果和屈辱中。这是他创作四部曲之前就决定的。三岛在写完最后一卷的那天，在向自卫队呼吁政变后自杀了。

他的行动与冒牌货安永透相同。即，与"二二六"政变奋起的青年军官"同一化"，呼吁政变的时候，三岛已经不是《奔马》中的饭沼勋，而是《天人五衰》中的安永透。三岛充分了解这一切。施莱格尔指出："反讽的极致是认真。"三岛的行动则是不惜死亡的游戏。但是，在此，我们有必要想起弗洛伊德说过的话，"游戏的反面不是认真，而是现实"。不言而喻，这个"现实"意味着"历史"。

5

由此看来，我们可以清楚三岛由纪夫和大江健三郎围绕浪漫主义的问题是逆向连接着的。简单来说，三岛拒绝"老年"而大江则试图接受"老年"。当然，这既不是狭义上的浪漫主义问题，也不是年龄的问题。例如，三岛不承认活在作为世界最终战争的第二次世界大战之后的意义。然而，这次战争是最初的核战争，而且，其后的全面战争已经没有可能。大江所说的"核时代"就发生于这场战争。不承认最终战争以后的生命状态和恐惧最后之战争（全面核战争）的状态，两者是表里一致的。他们在拘泥"终结"方面，是以脐带连在一起的。而且，那是与"历史"不可分割的。

大江健三郎拼命否定三岛由纪夫。正如黑格尔拼命否定施莱格尔一样。但是，那不是单方向的，即，并不是单就年龄而言的后来者大江否定了三岛。例如，三岛开始写《丰饶之海》是因为大江出版了《万延元年的Football》。三岛有关大江《个人的体验》之"结局"的批评也适用于《万延元年的Football》。这就是作为认识者的"我"承认输给了行动者的鹰四但重新在认识（内面化）上拥有它的那个"结局"，并非是否大团圆的问题。可以说三岛创作《丰饶之海》时试图拒绝大江式的大团圆。

但是，仅仅依据三岛由纪夫、大江健三郎或者村上春树，是无法完成这篇论文的。在此，我想把与他们有许多共同点但根本上迥异的中上健次提出来讨论，就是1983年发表《时空无限》的那个中上健次。自从《万延元年的Football》以后，大江健三郎把作品的基础放在了四国的"山谷村庄"，而中上健次则把一系列作品的舞台设定在南纪州的"胡同"里。这一点未必是受了先行者大江的影响。因为大江的以"山谷村庄"为基地是受了福克纳把一系列作品的舞台设在约克纳帕塔法郡这个虚构地点的启示，中上健次也同样如此。这样的地方（胡同）与现实的历史空间（受歧视部落）具有关联，同时又确保了作为自律性的象征空间。

《时空无限》是作为《海角》（1975）、《枯木滩》（1978）的续集创作的。这个三部曲贯穿着主人公秋幸企图杀害亲生父亲滨村龙造，也就是明显的俄狄浦斯主题。但是，在《时空无限》中，主人公秋幸模糊地感觉到弑父的意义和冲动的丧失，同时作为惯性，仍然试图杀害父亲。这时，父亲龙造却自杀了。秋幸看着自杀后的父亲，自言自语地说："这不对。"

这意味着什么呢？弑父就是超越前人，不断前进。有一个应该杀死的父亲就构成了把父亲的压抑内面化的"主体"。现代性就是这种俄狄浦斯主题统治的世界，近代小说也同样如此。从这个意义上讲，《枯木滩》无论看上去是怎样地在拒绝，它依然保持了近代小说的核心，而《时空无限》中所产生的是可以超越规范的自我崩溃。

《时空无限》写的是中上在作品中称为"胡同"的想象据点新宫——这一受歧视部落在 1980 年代初，由于开发重建而消失后的故事。这次开发重建并没有解决歧视问题。但是，从外表上看歧视已经抹去了。而且，连对抗歧视的文化基础——"胡同"也消除了。当然，中上作品所涉及的不是地域性的问题。事实上，中上的

"胡同"所发生的就是这一时期浮在泡沫经济之上的日本整体所发生的问题。

我在前面讲到近代日本的难题在 20 世纪 80 年代消失了。不能说已经解决了，只是从外表上消失了。而且，导致这种现状的不是我们，而是资本主义。也就是说，我们在弑父之前，父亲就自杀了。这时，主人公秋幸认为"不一样"。并且，中上健次对于日本的后现代主义也认为"这不对"。最终，主人公秋幸放火烧了长在胡同遗迹上的草丛。

但是，中上健次与主人公秋幸一起烧掉了作为一系列作品基础的空间，在这个三部曲之后，遇到了前所未有的困难。其后，中上健次写的不是小说而是物语（故事）。例如，《千年的愉悦》（1984）中出现了从生（诞生）的立场同化并肯定一切的接生婆阿留婆婆，与她的丈夫从死的立场同化并否定一切的和尚礼如的先验视角。在作品中，以半藏为代表的多姿多彩的主人公们基本是统一的。对阿留婆婆来说，连顺序都不重要，那是作为"高贵而淤滞的中本血统"的同一性反复。历史早已不存在。因为所有事件都回收到作为形式的同一性之中。主人公们的死早已命中注定，也就是从"终结"处已然看到了这一点。《千年的愉悦》既不是前现代式的世界也不是传奇世界。那是后历史的世界。《时空无限》以后，写小说恐怕不可能了。

如果说《千年的愉悦》是以深重的失落感回顾

"胡同"消失以后的世界，那么《异族》（1984—1991）则要描写失去"胡同"这一象征性空间的年轻人所向往的世界。他们成为天皇主义者，在战前就曾经作为右翼后台构思出"大东亚共荣圈"的黑幕人物手下活动，把来自日本阿伊努、韩国、中国台湾的年轻人也卷入其中。可是，走出日本的主人公们逐渐否定天皇主义，形成了对抗右翼构想的亚洲主义联带，与菲律宾的共产党游击队一起战斗。在这部作品中值得注意的是我对照大江《万延元年的 Football》所论述的"近代日本的话语空间"，其所有领域得到了恢复。但是，年轻人超越民族的差异集合在一起靠的是每人身上有一块"青斑"这个同一性。也就是说，与曲亭马琴的《八犬传》式物语相同，这部作品与其说是小说毋宁说是漫画式的世界。

《时空无限》以后，可以说中上健次至少写过一部"小说"，那就是《奇迹》（1989）。这部小说是与大江健三郎的《寄给难忘岁月的信》以及村上春树的《挪威的森林》几乎是同时期创作的。我之所以关注这部作品，是因为其中再次表现了"历史"。和《千年的愉悦》相同，《奇迹》也存在代表生之同一性（无歧视性）的接生婆阿留婆婆与代表死之同一性（无歧视性）的礼如和尚局限于超越论的视角。但是，《奇迹》增加了另外一个视角，或者不如说那才是主要的视角，即，在精神病院中幻想成为鱼的酒精中毒者友叔。不仅最初以他的幻觉开始，最后也在他的幻觉中结束，而且，各章作为友叔的回忆随着他的幻觉开始。

在《千年的愉悦》中，似乎从千万年来生活在"胡同"里的阿留婆婆的视角，看到了主人公们在某种绝对悲哀中得到救赎似的。但是，《奇迹》中的友叔只是值得阿留婆婆和礼如注视的酒精中毒的元流氓可怜老头。他的"悲哀"应该称为"悔恨"。这种"悔恨"的感情如同咬碎绝对的悲哀和肯定一样流露在整个作品中。

> 说起来，友叔回忆起带有胡同里高贵而淤滞的中本血统的太一，在三轮崎的精神病院里，过去现在、如此这般，就像描绘神佛的由来那样，面对长着一幅分不清幻觉还是现实一样相貌的阿留婆婆，日复一日、从早到晚讲述的不过是酒精中毒的友叔那深深的叹息。（《奇迹》）

所谓"悔恨"是一种事与愿违的思绪。那是已经不能回收到阿留婆婆和礼如的"同一性"中去的事件之独一无二性和大相径庭的人物们的差异性意识。这样，《奇迹》显露出不能回收到结构的同一性之中去的时间性。对于空间性也可以这样说。例如，《千年的愉悦》中的"胡同"是一个宇宙。但是，这里"胡同"被明确地指名为新宫。这不是被绝对外界（死者的世界）包围的完结的世界，而是被相对世界所包围着的。实际上，新宫的流氓团伙从属于大阪的"力图完全称霸全国的大组织"之下。号称"夺取天下"的太一的"天下"，正如下面所述，"阿留婆婆！我要是取得天下成为这一带黑道老大的话，我要在这山上修一座城堡一样的豪宅"，其"天下"并不具有宇宙的含义。

《奇迹》中，卑微与高贵、世俗与神圣、痛苦与快乐相互替换的装置已经不再运转了。尽管有来自阿留婆婆视角的反复叙述，但是，友叔"心中涌出这样的思绪，草木、鸟兽虫鱼这世上的所有生灵都被刀尖锋利的光芒照射，痛苦误以为愉悦，愉悦错以为痛苦，开始觉得天上天下、地上地下、森罗万象，就像人的幻觉一样"。但，这不是"天人五衰"。此处产生的是连接天和地、神圣与世俗之回路的崩溃。"天"只存在于以自己为"酒精中毒的天人的转生"之友叔的幻觉中。实际呈现在《千年的愉悦》中的世界，仅以酒精中毒老人的幻觉形式表现出来。

友叔从"终结"看一切，并试图接受这一切。但是，这只有在疯癫之中才有可能。他变成了一条巨大的九绘鱼在大海中游弋，吃被用席子卷起来杀死的太一的肉。不过，叙述中反复强调永恒的复归是疯癫，那无非是受到小伙子们嘲笑的幻觉而已。

然而，拒绝施莱格尔式的游戏，更进一步拒绝黑格尔式的和解，这时会怎样呢？前面我曾讲过，尼采的

"永恒的复归"岂止超越黑格尔，反而是被黑格尔领先了一步。大概从一般的意义上也可以这样讲。但是，尼采在下面的书信中却写下了奇怪的内容。

> 我是罪犯普拉德，父亲是普拉德，（苏伊士运河开凿前）的来赛普斯，（……）最终，我是世界上所有的名字。
> 致我可爱的公主、亚利亚德奈。（……）我在印度是佛陀，在希腊是第奥尼索斯，亚历山大和恺撒是我的化身。（……）最后也是威尔第和拿破仑。或许是瓦格纳。（……）我曾经带过十字架。[1]

对尼采来说，永恒的复归是绝对不能内面化和一般化的个别性（单独性）的反复，也就是重新找回了固有名称。但是，写这封信的时候是他精神错乱的那年。写完《奇迹》后，过了三年，中上健次死于肾脏癌。尽管他决心要比三岛由纪夫自杀时的年龄（45 岁）哪怕多活一天……

---

[1] 《致布鲁克哈特书简》，1889 年 1 月。

第三部

佛教与法西斯主义

第一章　佛教与近代日本

　　公元 6 世纪传入日本的佛教在 7、8 世纪作为国家宗教而确立起来的原因，是当时征服并统一多部族的大和朝廷需要把佛教作为超越部族诸神的世界宗教。因此，只有依靠"镇护国家"为中心的密教。如果停留在这个层面上的话，不管理论上多么深奥，佛教都会被当地风俗性的宗教所吸收。所以，肯定佛教"植根"于日本要靠涌现出了法然、亲鸾、道元、日莲等僧侣的"镰仓宗教"。他们本来在作为国家制度之一部分的比叡山寺院（大学）学习，但是，最终都放弃学习而直接去面向大众传教。

　　和辻哲郎指出：从公元 7 世纪到 7 世纪，佛教在日本已经得到独自的解释，后来，在 13 世纪的镰仓佛教当中开花结果。（《日本的佛教思想之移植》）铃木大拙认为，"日本的灵性"表现在镰仓佛教当中。（《日本的灵性》）换言之，他们把镰仓佛教的划时代性看作佛教的"日本化"。我认为：镰仓佛教之所以具有划时代的特点，是因为佛教文本原本所包含的根本性思想被重新解读出来了。① 问题是为什么会产生在这一时代的日本。

镰仓远离旧体制的大本营京都和奈良，是最初的武士政府建立的城市。在旧有的氏族社会（公卿贵族的统治）向封建体制（武士阶层的统治）转移的过渡阶段，佛教在脱离原来的传统解释而被解读的时候，得到了重生。与其将此看作佛教的"日本化"，倒不如说佛教回归了本源。亲鸾、道元和日莲分别"选择"了一个佛教文本做了理论上的纯粹化。例如，亲鸾（净土宗）彻底排斥自我拯救的意识，主张皈依超脱者（阿弥陀）。与此相反，道元（禅宗）把超脱者看作无，主张"只管打坐"，而日莲（日莲宗）主张根据佛法进行国家改造。这从外表来看并非对立的。事实上，它们在中国是一体的，禅面向知识分子，净土宗作为面向大众的"方便"存在于同一个寺院中。可是，镰仓佛教中，它们被区分开来表现为各不相同的宗派。

其结果，禅被新兴统治阶级——武士和知识阶层——所接受，没有普及到大众层面。所谓"文化"

---

① 但是，这与佛教的"日本化"并不矛盾。例如在德国，回归路德《圣经》的运动是通过他的《圣经》德语翻译实现的。而且，由此形成了德国的国语。即，从某一观点来看，德国的宗教改革就是基督教的"德国化"。实际上，亲鸾、日莲、道元面向大众，分别写下了汉字与假名混合的文章。如果没有那样的语言，佛教不可能"扎根"。

既然是统治阶级的文化，即便说禅形成了今天所谓的"日本文化"也没有错。但是，佛教并非只有禅宗。镰仓佛教当中重要的应该是净土真宗和日莲宗。这两个宗教逐步向大众阶层普及，从 15 世纪到 16 世纪，封建体制崩溃进入"战国体制"以后，直到农民国家和自治城市国家的形成。在佛教史上，这段历史常常被记录成佛教似乎是一种政治化而堕落的形态。然而，这仅仅是把宗教看成个人精神信仰问题的相当近代性的观点。同时，亦不过是把宗教进一步看作非政治化、非战斗性的一种虚伪宣传。

在欧洲，宗教改革直接与农民战争以及市民革命相联。它意味着宗教改革本身是从这样的社会变革中产生的，而非源自宗教的力量。日本佛教在 15、16 世纪产生出堺（净土真宗）和京都（法华宗）那样的自治城市，或者像加贺那样的独立国家，这岂止是堕落，反而证明了佛教也是普遍性的宗教。而且，在哥伦布以后的"世界资本主义"情形下来观察时，就会发现日本发生的现象具有全球化的共时性。①

16 世纪后半叶，耶稣会向西日本扩展。但是，对于民众来说它所具有的意义与东部日本的净土真宗和日莲宗对于民众所具有的意义没有区别。耶稣会是对抗新

---

① 参见稻村隆一：《宗教改革与日本农民战争》，东京：改造社，1937。

教主义宗教改革的天主教一方的宗教改革。而且，其创始人之一的弗朗西斯科·泽比埃尔（方济各）亲自来日本传教。后面将会讲到，禅宗的僧侣和武士皈依基督教的人不在少数。但是，净土真宗的僧侣和信众并未发生同样的现象。换言之，耶稣会未能侵入净土真宗（一向宗）在东日本扩展的势力范围。耶稣会受到灵活运用当时在全国普及的铁铳和大炮试图确立绝对权力的织田信长的保护和支援，那是因为信长把一向宗（净土真宗）的势力当成了最大的打击目标。实际上，镇压一向宗的是皈依基督的大名。他们镇压了采用一向宗形式所推行的社会革命，但并没有想到下一个被镇压的目标将是自己。

看起来，信长好像要成为与堺的城市资产阶级联合歼灭封建诸侯的西欧型绝对君主。实际上，他并不了解那样的海外形势。① 正是由于这种偶像破坏式的姿态，信长被与旧体制藕断丝连的人谋杀了。成为信长继承人的丰臣秀吉在净土真宗（本愿寺）屈服以后，转向镇压基督教。从 15 世纪开始流传的下克上（民主主义），就是由于名副其实的"下克上"之体现者丰臣秀吉画上了句号。

秀吉死后，称霸全国的德川家康为了永久持续自己

_____

① 参见 J. G. 路易斯岱麦迪纳：《遥远的高丽——16 世纪韩国宗教开放与日本耶稣会》，东京：近藤出版社，1988。

的体制采取了各种措施。锁国政策自不待言，那是为了使自身与世界市场隔离开来。与消灭诸侯自己做绝对君主的信长不同，德川家康采取的政策是把各大名留在自己的领地，但禁止其军事上和经济上的发展，通过"参勤交代"等方式使其从财政上进行消费＝消耗。另外，这也是一种实际上把天皇监禁在京都，在形式上抬举天皇以利用其权威的体制。

在有关宗教方面，这种德川体制表现得最为典型。德川不仅镇压基督教，还镇压了日莲宗；另一方面，他把净土真宗当作镇压其他邪教的手段，强制所有的人从属净土真宗或者净土宗的"檀家"（檀越、施主——译者注）。由于强调个体的超越性和平等性而在16世纪引发了市民、农民革命战争的佛教，成为把人们束缚在土地上的行政手段。这样一来，净土真宗得到扩展，占日本佛教徒的大半。同时，它失去了宗教的意义。即使在今天，大多数的日本人从属于德川时代以来的"檀家"，但是，并没有意识到自己是佛教徒。

为了"德川的和平"在所有领域所采取的"超越之禁止"，才是德川体制持续250年的原因。亚历山大·科耶夫把1600年关原战役以后的日本称为"后历史的"，而将这一时期人的状态称作"世俗主义"。总之，这一切是由慎重回避"超越性"以确保长治久安的德川体制而形成的。（《黑格尔导读》第二版）现在，所谓日本文化或者Japanese way of life 就形成于这一时期，这样讲并不夸张。这个时代与古代、封建时代或者15、16世纪的"文艺复兴"时代有本质的不同。

恩格斯在《德国农民战争》中写道：路德的背叛、农民战争的失败、诸侯混战的结果使德国落后了200年。这一观点对日本也适用。正是16世纪净土真宗（本愿寺）的失败和转向导致了德川体制的形成。1868年，这样的德川体制为兴起于萨摩、长州等西部藩国的倒幕运动所瓦解，由此近代国家体制得到确立。顺便说一下，在农民战争的结果带来半封建领主统治的诸侯国联邦残存的德国，由普鲁士而达成统一是在四年之后。再进一步讲，明治政府就是以这个普鲁士为模式，建立了国家体制。

近代日本，佛教再也没有恢复16世纪之前所具有的社会意义。明治维新以后，佛教作为旧的习俗、制度——以葬礼为中心——而得到存续。所以，甚至没有必要作为宗教来积极地恢复。其结果，明治以后在民众当中，可以说拥有宗教力量的只有源自神道的新兴宗教，或者产生于德川时代受到镇压的日莲宗的新兴宗教。

佛教在近代日本受到正面的评价，仅仅局限于知识分子阶层。佛教是作为对抗近代西方的原理而被发现的。而且，其本身也是从西方获得认识的。明治以后，为了使佛教作为"学问"得以确立，知识分子认为必须依据梵文的原文，而不是自古以来的汉译。为此，他们留学英国和德国。也就是说，他们脱离自古以来的佛教而与西方的佛教相遇。再加上，日本的哲学家们发现佛教当中存在一种动向，那就像叔本华所代表的，从佛教中寻找超越近代西洋思想局限的钥匙。如果是这样，为了对抗近代西方，把佛教拿来就可以了。这种情况下，禅最为适合。这也是因为禅与大众化的净土真宗不同，只是流传在以武士为中心的知识阶层当中。而且，禅明确地把超越者看作"空"，所以仅这一点，就可以视其为能够对抗基督教或者西洋哲学的原理。

另一方面，净土真宗的僧侣当中，有人像清泽满之那样，依据开山之祖亲鸾的教义谋求宗教改革，那是因为他们从基督教在知识分子中间的普及感到了威胁。而且，他们的宗教改革本身就是向基督教学习来的。非常典型地体现了这一点的是他们计划推广普及通俗易懂地传达了亲鸾语言的文本《叹异抄》。[①] 也就是说，那是作为相当于《圣经》的文本而被"发现"的。这不是牵强附会。实际上，通过16世纪的耶稣会传教士，人们也已经意识到了净土真宗类似于基督教。但是，此前没有被普遍阅读的《叹异抄》忽然被看作净土真宗的

---

① 净土真宗大谷派的僧侣近角常观也曾和清泽满之一起参与了真宗的改革运动。近角设立求道学舍，出版《求道》杂志，向社会广泛介绍亲鸾的《叹异抄》，带给人生深厚的影响。（参见池田英俊：《近代的开明思潮与佛教》，收于《论集日本佛教史8》，东京：雄山阁出版，1987。）

"圣经"，只能说这来自基督教的影响以及与其对抗的意识。

但是，明治时代，不管是基督教还是佛教，宗教普遍没有影响力。当初在知识分子当中传播的基督教不能应对随着产业资本主义的急剧发展而暴露出的社会矛盾。于是，众多的基督徒不满足精神上的"信仰"而转向社会主义。可是，20世纪30年代基督教和佛教在知识分子中间复活，并且出现热潮。与明治时代相反，这是从社会主义运动的挫折、脱离中产生的现象。例如，京都学派的哲学家三木清在德国海德格尔的门下撰写了"帕斯卡研究"，但是后来，作为一个马克思主义者活跃在日本的他在脱离马克思主义后，转向亲鸾即日本版的帕斯卡。也就是说，"亲鸾"不仅意味着对马克思主义者的转向所产生的罪恶感和虚无主义予以宗教性救赎，而且，意味着一种向"日本的回归"。

再重复一遍，佛教是作为对抗近代西洋的东洋或者日本文化的原理而被发现的。提倡这种观点的是冈仓天心。冈仓找到佛教的原理来整合东洋美术。但是，实际上与宗教是没有关系的。对他来说，重要的是艺术，佛教只不过是解释艺术的逻辑。只不过，冈仓的著作是为外国读者写的，所以，在日本国内几乎没有带来任何影响。使冈仓的观点在日本得到普及的是第一次世界大战之后的和辻哲郎。据说和辻学生时代听了冈仓天心晚年在东京帝国大学所讲"泰东巧艺史"后深受感动。

和辻的著作中给予大众最大影响的是《古寺巡礼》（1919）。依据这本书，人们"发现"了"佛教"或者"日本文化"。然而，和辻发现的佛教仅仅是美术。他称赞的主要也在于"古寺"。民俗学家柳田国男指出古代的寺庙色彩鲜艳、花里胡哨。但是，和辻以及受他影响的人们喜欢的是色彩暗淡的古旧寺庙。这类似于西方的浪漫派在荒废的古城遗址上发现了"中世纪"。与他们发现"天主教"一样，日本的知识分子发现了"佛教"。但这是与现实以及过去的佛教没有任何关系的美学上的想象物。

在西方，浪漫主义是最早的"近代批判"，其后的"近代批判"亦很默契地归结于浪漫主义。日本也相同。他们所说的佛教传统已经是近代意识，而且只不过是从美学的想象力中被发现的。和辻哲郎于第一次世界大战后展示出的转变，在20世纪30年代后半叶，以"近代的超克"这一表达方式之下被前景化了。例如，题为"近代的超克"的研讨会在日美开战的翌年（1942）很早就召开了。这次会议是由文艺批评家小林秀雄所领导的"文学界"主办的，参加会议的除去"文学界"一派外，还有西谷启治等京都学派和"日本浪漫派"。他们往往被混为一谈，但是，他们不仅与法西斯的复古主义、天皇主义、排外主义、帝国主义的意识形态有区别，而且是敌对的。作为证据，请注意其中有天主教神学家吉满义彦的参与。吉满在"新的中世纪"里寻求"近代的超克"。当然，他对"近代的超克"与浪漫的复古主义、西洋中心主义做了区别。

　　所谓"新的中世纪"是根据中世纪的各个契机，准确地说，是就新时代的课题探究整个中世纪期望实现而没有实现的形而上的统一理念而言的，并非与不可能的无意义之历史性的中世纪反其道而行之，而应该是作为更加内化的主体性之"新秩序"来探求的。

　　所以，脱离宗教性形而上学意义单纯作为欧罗巴半岛的人类社会"文化"的西洋问题等，无论其自身多么有价值，对于笔者来说，都是毫无意义的。正如在神的面前，西洋和东洋都是面对一个爱与真理的源泉，因为所有事物其自身直接负有存在的课题，所以，我们必须在祖国的精神历史传统中，认真地按照人之道、神之道来生活。不过，在这种情况下，我不像有的人所思考的那样，成为一种真理的相对主义乃至人间主义，而是指出具体地把握、实现一个真理的存在是受各自历史和社会的，也可以说天意的限制。①

---

　　① 吉满义彦：《近代超克的神学依据》，收于《近代的超克》，东京：富山房百科文库，1973。

在其他讨论者大多提出佛教或者神道之类的"日本化"思想的时候，吉满如此论述天主教主义。在天皇神格化登峰造极的时期（1942），即便和德国有同盟关系，天主教神学家这样的发言也得到允许，这是因为基督教和佛教尽管存在宗教上的差异，但两者之间基本上具有相同的结构。总之，不管基督教还是佛教都是被浪漫主义"发现"的。

于是，近代日本作为东洋的或者佛教话语被叙述的，实际上常常是浪漫主义的、美学上的东西。关于京都学派的中心人物西田几多郎，也是如此。西田的学生，1945 年死于狱中的马克思主义者户板润，对此进行了猛烈的批判。

……但是，最近的西田哲学似乎失去了浪漫派的、美学的外在色彩。这反而是因为浪漫派的、美学的方法得到了确立。而这不外乎就是由左右田博士开始称之为"西田哲学"的东西。再次重申，西田哲学绝对不是依靠封建的、古典的方法而建立的。而是具有近代的、浪漫本质的哲学。证明当代文化人的文化意义，再也找不到如此适当的哲学了。当代人的近代资本主义教养从这一哲学当中找到了自己的文化自由主义代言者。于是，针对经济政治的自由主义，这一哲学成为文化自由主义哲学的代表。这其中存在着西田哲学受欢迎的因素。①

　　同样，把西田哲学称为佛教性的哲学是无视佛教本身历史性的无意义的观点。的确，西田从 1943 年起称自己的立场是"东洋的"或者"佛教的"，但是，这种说法本身就证明他的思想从属于历史的现状。在此之前，他一直想用西洋哲学的范式来叙述，实际上，他讲的"无的场所"对应康德所说的超越论的统觉。康德把它看作经验性的无，并作为带来意识统一的"作用"来把握。西田与费希特一样，把这种超越论的自我看作实践性的事物，试图从中构筑世界，但与费希特不同，最终要将此看作"无的场所"或者"无的作用"。但是，这尤其不能看作是佛教性的。例如，海德格尔称之为"存在者和存在的存在论之差异"的，基本上是来自于康德的"经验的/超越论上的"区别。所以，海德格尔所谓因存在者的确立而失去的"存在"，那仅仅是作为某种作用而存在的无。西田把它阐述为"无的场所"或者"绝对无"。

　　但 1934 年以后，西田开始将自己的思考称为"东洋式的"。那是日本开始与中国交战并建立起法西斯体制的时期。而在德国，则是海德格尔积极参与纳粹的时

――――――――

　　① 《无的逻辑是逻辑吗?》，收入《日本意识形态》，东京：白杨社，1935。

期。正如海德格尔支持纳粹的左派（突击队）那样，西田支持的是与军国主义的陆军相对立的比较自由的海军一方。他试图从哲学上寻找根据证明日本操纵的"大东亚共荣圈"是为了把亚洲从西方殖民地统治下解放出来，而非帝国主义。与他的弟子京都学派的学者们见风使舵、投机钻营的做法相比，西田看上去沉默寡言而且消极。但是，他的观点成了他们的后盾则是毋庸置疑的。

例如，西田是如下定义天皇的："在我国历史上，皇室始终是无中之有。矛盾的自我同一。"（《日本文化的问题》）"无中之有"（无的作用）、"矛盾的自我同一"之类的概念不知不觉地就成了意味天皇制的概念。哲学本身是无内容的形式，赋予其意义的是历史语境，阿尔都塞这句话被如此残酷地验证了。西田的观点认为皇室不是政治权力，为此，作为"无中之有"一直存在于交替的政治权力背后。天皇在明治宪法中虽然被规定为主权者，但本质上是作为"无中之有"而存在的，在大东亚共荣圈中，也不像苏联那样君临其上，而是其背后有作为统合自律的亚洲各国之"超越论统觉"（零度符号）那样的东西而存在着。当然，这只是对以日本取代西方列强来统治亚洲这一现实的"改变解释"罢了。

西田在给天皇侍讲的时候，讲了如下的内容："个人主义和极权主义看起来似乎是相反的。个人主义已经落伍自不待言，否定个人的极权主义也不过是历史陈迹而已。""个人与全体相互否定，以皇室为中心生生不息发展起来的就是日本的国体。"（御进讲草案）这并不是扬弃个人主义和极权主义矛盾的辩证法。岂止扬弃，他讲的是相对立的事物已经在根本上统一了。冈仓天心曾经将此称为"不二元论"，西田改称为"绝对矛盾的自我同一"。但是，假设前面的逻辑是佛教上的话，就必须说佛教在政治上作为法西斯主义的逻辑发挥了作用。这是因为所谓排斥了个人主义和极权主义、资本主义和社会主义等一切的思想，只能是作为对抗革命的法西斯主义的思想，为此，需要这样的逻辑，西田的弟子三木清称之为"协同主义"。这是"近卫新体制"的哲学（1940）。京都学派通过这样的逻辑解构了近代西方存在的所有二元对立。这就是他们所谓"近代的超克"。

然而，战后，京都学派的哲学家特别是西谷启治抹消了西田这样的政治参与，与此同时，也抹掉了他们自身的政治参与。一旦这样的历史被抹消掉，西田的哲学也就被非历史化作为东洋思想或者与禅相通的思想而复活了。有关海德格尔，无论怎样评价他，没有人会否定他对纳粹的支持。但是，有关西田几多郎完全作为脱离政治化的深奥的"东洋哲学"来谈论，这样的叙述不仅在日本，即使在欧美也有一定的市场。①

第二章　坂口安吾

　　在此，我要列举的是与《近代的超克》几乎同时出版，尽管直接以它为目标，但从根源上对其进行批判的随笔和书籍，那就是坂口安吾的《日本文化私观》（1942）和武田泰淳的《司马迁——史记的世界》（1943）。有趣的是对于这种"近代的超克"最激烈而且本质的批判者竟然出自于制度化习俗化佛教的体验者当中。进一步讲，在这两位反传统的人身上，表现出佛教化思考的根本核心。

　　坂口的《日本文化私观》是为批判1933年来自德国在日本逗留三年的建筑学家布鲁诺·塔乌德所著《日本美的再发现》而写作的。塔乌德是出生于凯尼希斯堡的犹太裔德国人，他从表现主义转向社会主义，为了逃离纳粹的迫害，一半是作为流亡者来到日本的。邀请他的是现代主义建筑学家们。在日本，不搞设计而专心著述的塔乌德创作的著作对向天皇制法西斯主义倾斜的社会现状影响很大。例如，他从作为国家化天皇制意识形态的象征——伊势神宫看到了"纯粹的结构学、与众不同的清晰性、材料的纯粹、均衡之美"，抨击祭祀德川家康的日光东照宫为"独裁者的媚俗"、"没有消化的进口货"。即便建筑可以作为非历史性的艺术来看，但是，塔乌德并非不了解这种纪念性建筑所具有的明确的政治含义。

塔乌德和一般的东方主义者不同，他并没有对西洋与日本加以区别，只是对外来的和本土的进行了划分。于是，来自大陆的进口货和日本货混在一起的东照宫相比，把桂离宫和伊势神宫评价为"原—日本式文化"的体现。然而，20世纪30年代的日本，希望从中国文明进入日本以前的古代日本中找出本来之道的国学家本居宣长受到最高的评价。不仅如此，在德国是拉丁化以前的原始日耳曼文化受到称赞的时代。果然如此的话，从那里流亡到日本的塔乌德在日本的语境中提出类似的主张，只能说令人不可思议。

但是，也许他有别的政治战略。他的意图在于批判20世纪30年代成为占统治地位的"帝冠样式"——把19世纪西洋的建筑和日本的传统混合在一起，象征日本帝国主义的样式——这也是邀请他的日本建筑学家所期待的。塔乌德采用的战略是通过高度评价另一个"传统"来打倒帝冠样式的"传统主义"。从这个意义上可以说，这是一个走投无路的现代主义者的战略。可是，结果却成了给予"传统"以连外国人也认可的普遍意义。所以，在"西方的没落"和"近代的超克"这种当时日本占统治地位的语境中受到了欢迎。从某种意义上讲，这类似于1980年代罗兰·巴特的《符号帝国》在日本后现代主义的状况下，与他在法国的意图不同，被解读为新版的"近代的超克"。坂口安吾对塔乌德做了如下批判：

> 然而，塔乌德发现日本，发现其传统的美与我们丧失了日本但同时我们还是日本人之间，存在着塔乌德意想不到的隔阂。即，塔乌德必须发现日本，而我们没有必要发现日本，我们就是日本人。也许我们失去了古代文化，但是，不可能失去日本。何为日本精神？我们自己没有必要讨论。日本不可能产生于赋予解释的精神之中。日本精神不可能解释清楚。只要日本人的生活健康，日本本身就是健康的。弯曲的短腿穿上裤子、穿上西装、摇摇晃晃地到处走、跳舞，放弃榻榻米，坐在廉价的椅子上装模作样。在欧美人眼里看来滑稽透顶和我们自己以为它方便之间，没有任何关系。他们怜悯、嘲笑我们的立场和我们继续生活的立场之间，存在根本的区别。只要我们的生活基于正当的要求之上，他们的怜悯和嘲笑就显得浅薄之极。

当然，安吾在此并非说塔乌德发现的日本是虚假的，日本只有我们日本人才了解。他攻击的不是当时已经离开日本并客死土耳其的塔乌德，而是提倡"古代日本文化"和"近代的超克"那一类日本知识分子。说起来，一个国家的"文化"或者"传统"之类无论何时何地都是外国人或者离开自己国家的人"发现"的。不管希望还是不希望，这与我们的现实生活、被现代资本经济改变了的生活不同，是另外被发现的空虚的表象。

安吾指出：所谓"美"并不是看上去很美的事物，或者，意识到美的地方并不存在美。那必须是必要的事物被安置在必要的场所时的状态。

> 仅仅是"必要"，从一到百始终一贯唯有"必要"。这种"万不得已的实质"所追求的独自的形态会产生美。

> 所有一切都是实质问题。为了美而美并不坦率，最终不是真正的东西。总之是空虚的。而且，空虚的事物绝不会通过真实而打动人。终究是一种有没有都无所谓的东西。烧掉法隆寺和平等院丝毫不碍事。如果需要的话，可以拆掉法隆寺建停车场。我们民族的灿烂文化和传统绝不会因此而消亡。

但是，安吾所讲的"需要"并非只是实用主义的需要。他以偶然目睹的小菅监狱、干冰制造厂甚至驱逐舰为例,列举了令人"心驰神往"的建筑。

这三个建筑为什么如此漂亮?这里没有任何为了美而加工的美。没有从美的立场附加的一根柱子、一块钢铁,也没有因为不美这一理由而撤掉一根柱子、一块钢铁。唯有需要的东西被放在需要的场所,不需要的全都被去掉,只是需要所要求的独自的形式被制作出来。

据建筑学家说,至少小菅监狱——现已不存在——当时,作为现代主义建筑受到高度评价。尽管安吾对建筑一窍不通,但是,他凭直观感受对应了包豪斯(Bau-haus)的领导者格劳匹伍斯的名言。

我们希望不受虚伪的外墙和欺骗所干扰,创造出内部的逻辑所赤裸裸地展现出来的那种明快而有机的建筑。我们希望创造出适合于机械、收音机、高速汽车的世界的建筑,而其功能通过与其形态的关系而被明确化的建筑。

同样也可以说,作为包豪斯重要成员的塔乌德从桂离宫和伊势神宫发现了"不需要的全都被去掉,只是需要所要求的独自的形式"。这样一来,批判塔乌德的安吾也许没有想到他意外地站在了与塔乌德相近的立场上。但是，赋予他们的话语以意义的历史性状况与他们相隔甚远，绝不是"日本"和"西洋"把他们隔开的。安吾对于塔乌德高度评价的龙安寺石庭和修学院离宫的园林，作了如下评论：

> 龙安寺的石庭想要表现什么？想要和怎样的观念结合？塔乌德对修学院离宫书院的黑白壁纸赞不绝口，认为那是瀑布声音的表达。为了使观赏合乎逻辑竟然做出如此勉强的解释，真可悲。大概林泉和茶室与禅宗和尚的悟道相同，那是建设在禅学假说上的空中楼阁。问到佛是什么？回答屎橛子。庭院里放一块石头，既可以说是屎橛子又可以说是佛。如果看上去像佛的话，倒没什么，如果看上去屎橛子就是屎橛子的话，可就完蛋了。实际上屎橛子只是屎橛子这一理所当然的观点，比禅学的约定更有说服力。

关于前面的文章，我必须补充两点。写这篇文章的时候，安吾正在研究 16 世纪的天主教。应该说，他对 15 世纪至 16 世纪的历史进行了整体的研究。在法西斯主义提倡"近代的超克"时，左翼从既是近代同时又没有被封闭在近代化知识领域里的"文艺复兴"中找到了另一个"近代的超克"的可能性，这是一个普遍现象。葛兰西在意大利的监狱里创作了《新君主论》，尽管是在斯大林主义的统治下，巴赫金撰写有关拉伯雷研究著述的时期，在日本，花田清辉和渡边一夫等人也写下了有关欧洲文艺复兴的著作。另外，马克思主义者福本和夫在狱中构思了《日本文艺复兴史论》。但是，与他们没有任何关联，坂口安吾从 15、16 世纪的日本看到了一种文艺复兴。那是一个自古以来的贵族文化价值体系随着镰仓以后的封建体制发生根本性逆转的时代，而日本的历史记载中几乎没有像样的史料。从梵文到拉丁文，通晓各种语言的安吾转向天主教史料也是必然的，在他之前，没有一个历史学家做过这样的尝试。

例如，耶稣会传教士路易斯·佛罗伊斯（Louis Frois）（1532—1597）除去《日本史》以外，还留下了各种有关日本的报告，他在《日欧文化比较》（1585）中留下一段有趣的记载：

在欧洲，未婚女性的最高荣誉和尊严是贞操，还有纯洁没有受玷污的贞洁。日本的女性一点都不注重处女的纯洁。即使缺少纯洁，她既不会失去名誉，也可以结婚。

在欧洲，财产是夫妻间共同拥有。在日本，个人拥有自己的一份。有时，妻子会借给丈夫高利贷。

在欧洲，与妻子离婚是罪恶，也是最大的丑闻。在日本可以随意离婚，妻子也不会因此失去荣誉，还可以再婚。

在欧洲，丈夫与妻子离婚是很普通的，在日本则常常妻子与丈夫离婚。

在欧洲，把女儿和处女关在家里是极其重要的事，严格执行。在日本，女儿可以不用得到父母允许，一个人去自己喜欢的地方，住好几天。

在欧洲，没有丈夫的允许，妻子不能离开家。日本的女性具有不告诉丈夫一个人外出的自由。

在我们中间，女性写字还不太普及。日本的贵妇人认为不会写字的话，价值就降低。

在欧洲，一般女性做饭。在日本，男性做饭。

在欧洲，女性喝葡萄酒被看作是没有礼貌。在日本，喝酒是最普通的，过节的时候经常喝醉。①

佛罗伊斯作为传教士应该见到过各个阶层的人，所以，这里记载的"日本"女性不是特定的阶级。但是，正如这里的"欧洲"是历史性的一种状态，这里的"日本"也如此。这样的"日本"不仅在 17 世纪以后，即德川体制以后已经消失，而且，曾经存在过这件事本身也被遗忘了。例如，始于 20 世纪初期的日本女权主义运动与国学家一样向古代母系时代寻求女性处于优势地位的时代，其结果，在 30 年代陷入了天皇制法西斯

① 《欧洲文化与日本文化》日译本，东京：岩波书店。

主义。如果了解前面的历史的话，就不至于陷入那样的圈套中。从这些观察来看，在日本，被看作"传统的"东西仅仅是德川体制以后以及近代形成的。提倡"近代的超克"那些人想象的是遥远的古代和中世纪。但是，16 世纪是近代还是前近代呢？两者都是也都不是。所以，我称之为"文艺复兴"。那不单纯是从欧洲史的类推。实际上，它与同时代的欧洲是相连的。也就是说，这一时期的日本与哥伦布以后的世界交通不可分割。日本内部的社会变化是与沃勒斯坦所说的"现代世界体系"同时发生的。可以说安吾通过对这个时代的研究寻求的是与当时流行的"近代的超克"不同的另外一个"近代的超克"的可能性。

安吾引用弗朗西斯科·方济各与禅僧论争的记录后，有如下叙述。此处对前面引用的部分做了更为详细的阐发。

　　总之，禅存在着只有禅的世界才有的约定，仅仅是立足于这些约定之上而摆弄的逻辑。所有一切都是相互约定好了才成立的世界。例如，若问"禅是什么？"回答"无"或者"禅是屎橛子"。相互之间在这样约定的基础上摆出一副明白的面孔，仅仅是面孔而已。明白与否，谁也不知道。
　　所以，实际上，在佛就是佛、屎橛子就是屎橛子这一寻常而正经的逻辑面前，这样的逻辑完全不起作用。在这种理所当然的逻辑面前，如果要说能够从根本上颠覆的力量是什么？它在哪里？那只存在于实践和思想合一的地方。

可是，这样的生存方式对禅宗来说是非常困难的。因此，禅宗光靠基于约定之上的观念来思考，不去实践。因为在观念上摸索悟道这种东西，即使凭的是智力，但是，没有人知道自己实际的力量有多少。所以，在像天主教的牧师那样豁出一切的宗教家的实际行动面前，禅僧感到了巨大的威胁。他们感到了自己没有实力、很寒酸。于是，信仰禅宗的人，很流行一边当禅僧一边转向信仰天主教，其数量要远远地超出我们今天的想象。①

安吾并非从欧洲合理主义的思考来批判禅宗。况且，他并没有说基督教比禅宗合理。这是因为，"佛就是佛，屎橛子就是屎橛子"这一逻辑当然也针对基督教的"三位一体"教义。也就是说，神是神，人是人，为什么人间耶稣是神呢？然而，此时，基督教传教士胜过禅僧的不是靠教义理论的合理性，而是靠他们来到相隔几千公里的远东传教实践的非合理性。不过，合理性本身不正需要非合理性的意志和激情吗？在反近代的

---

① 《欧洲的特点、日本的特点》，1948 年作，收入《堕落论》，东京：新潮社，2000。

"非合理主义"横行的 20 世纪 30 年代，安吾才是彻底合理性的。这与"合理主义"大相径庭。例如，同一时期，创作出《欧洲科学的危机与超越论的现象学》的胡塞尔用下面一句话做结尾："人只有通过有意识的理性化才能做到理性。"当然，这个"意志"本身就不是合理的。

总之，基督教和佛教不是问题。对安吾来说，在实践上与他者不相关联的思想全都毫无意义。安吾并不是嘲笑因为公开争论失败而转向天主教的禅宗僧侣们，而是相反。因为这种情况成为可能也只有在这个时期。耶稣会能够具有这样的力量也只有在创始人之一的方济各本人来日本的这个时期。此后的耶稣会再也不曾具备这样的力量，它成了与国家殖民主义勾结的既成教团。但是，反过来也可以说，佛教在某一历史时期也具有这种"思想—实践"的力量。

但是，安吾有关禅宗的悟道很冷淡，另有个人的原因。他在 20 岁前后的几年中，曾经想做佛教的僧侣，经历了勤奋的学习和修行。结果，他患上了神经衰弱，于是，放弃了佛教。后来，他曾经在回忆中自嘲过这段经历，但是，根据近年来发现的资料来看，不能完全按照他的叙述来理解这种自我的韬光养晦。他 20 岁的时候，与希望佛教复苏的学生一起创办了杂志，其中，关于"今后的寺院生活"，设立了一个杂志同仁阐述自己意见的栏目。其他人写的是"对于腐败透顶的佛教僧侣

找不出肯定的价值",或者"寺院生活的口号是'信仰第一'",安吾则写下了这样的话:

> 假如寺院存在特殊生活的话,我认为除去禁欲生活以外没有他法。但是,不可忘记世上存在符合普通人的生活即结合情欲和物欲的生活。寺院中的人们往往看重禁欲生活,总之,似乎忘记了所谓烦恼的生活当中也有道德律和觉悟的力量。禁欲生活既没有道德上优越的理由,也没有特别快地开悟的理由。生活是靠每个人的信条维系的,总而言之,也不能放弃爱的羁绊。希望保持禁欲生活的体面,我觉得太可怜。以符合普通欲望的生活为基础重新开始,不是很正常吗?①

安吾表达了对佛教的失望,但也未必如此。因为在他希望当僧侣的时期,已经写下了"以符合普通欲望的生活为基础而重新开始"。"脱离禁欲"生活,从僧侣制度来看是"堕落"。但是,如果佛陀通过禁欲和修行破坏了希望从轮回中解脱出来这一根深蒂固之传统的话,可以说佛陀也"堕落"了。如果是这样,安吾脱离佛教界的时候,可以说真正变成了佛教式的。对于佛

---

① 《对于今后寺院生活的思考》,1932 年作,收入《堕落论》,东京:新潮社,2000。

教，他决没有善意地写过。尤其针对伪装的禅之开悟和淡泊，他的评论辛辣无比。但这是一个悖论，没有评论像他这样具有佛教性的了。

就这样，"堕落"成了安吾的关键词。实际上，使他成名的是战后创作并成为畅销书的《堕落论》，其中他提出"再堕落一些！"但是，他的话里既没有所谓"颓废"的意思，与战后的思潮也没有关系。对他来说，所谓堕落就是暴露在他者面前又被抛弃的存在。例如，他把当时的大作家永井荷风称为"通俗作家"，批评得一无是处。荷风在1911年"大逆事件"以后，宣称自己作为知识分子既然无能为力，今后就作为一个德川时代以后的"戏作者"（通俗小说家——译注）活着。他一边与浅草妓院的妓女们玩耍，一边把玩耍的经历写在小说里。20世纪30年代马克思主义运动遭到毁灭以后，这种"颓废"的姿态受到高度评价，他作为大作家重新活跃起来。

荷风天生是一位拥有一些小钱和自己家荣誉的人。并且，他的境遇以及憎恨受他人威胁的心情，决定着他道德观的底线，他并没有为人是什么、人追求什么、热爱什么这些诚实的思考献过身。岂止如此，自己的境遇以外还有各种境遇，有来自这种境遇的思考，这些与他自己的境遇以及思考是对立的。他连这样单纯的事实也没有思考过。

前面的文章看起来几乎是马克思主义的观点。但这是在几乎所有的马克思主义者都转向以后所创作的文章。安吾想说的是荷风的颓废只不过是自我意识,他从一开始就没有遇到他者,也就是说未曾堕落过。对于转向的马克思主义者同样可以这样讲。他们不是由于受到镇压而转向的。转向以前的作品中即使存在无产阶级的观念,但依然没有他者存在。

1941 年,安吾在写《日本文化私观》稍早之前,写过一篇随笔叫《文学的故乡》。在文章中,他列举了几个故事,第一个例子是夏鲁尔·派劳的《小红帽》。这和一般面向孩子们讲述的故事不同,故事的结局是变成外婆的狼吃掉了去看望外婆走在森林里的小女孩。

> 我们突然于此被抛弃了,由于感到与约定的不同而不知所措,却无意之中眼睛挨了打,会不会在一下子断裂的空白中,看到非常寂静而且透明的、有一点令人难受的"故乡"呢?……
> 正如没有道德本身就是道德一样,无可救药本身就是拯救。我在这里看到了文学的故乡或者人类的故乡。文学就从这里开始——我这样认为。文学不仅仅是这种非道德的令人不能接近的故事。我对这样的故事评价并不高。因为,虽然故乡是我们的摇篮,但是,成年人的工作绝不是回归故乡。然而,我不能想象没有这种故乡意识和自觉的地方会

存在文学。文学的道德和社会性如果不是在这个故乡基础上生长发育的话，我绝不会相信。文学批评也如此。(《文学的故乡》)

在安吾那里，"故乡"这个词也和"堕落"(Fall)一词一样，意思被迫逆转了。对安吾来说，"故乡"不具有亲和力，可以说是一种被排斥为"他者"的存在。我们可以通过比较使用相同词语做关键词的哲学家来展示安吾的"位相"。把人(此在，Dasein)看作与死亡相连的存在(Sein tum Tode)的海德格尔把从此处向日常性的逃避称为堕落(Verfall)。而且，把苏格拉底以后的近代哲学看作"存在"这一"故乡"的丧失。于是，可以说堕落意味着故乡或者共同存在(Mitsein)的丧失。在政治上，从这种堕落向未来性的回归则意味着纳粹，其日本版就是"近代的超克"。但对安吾来说，"故乡"是某种"排斥"人类的东西。那是此在的本来性暴露在他者面前才找到的。借列维纳斯批判海德格尔的话来说，安吾把"伦理"放在了所有思考的基础上。在这种情况下，如果说列维纳斯的思想来自犹太教的话，那么，可以说安吾的思想来自佛教。

20世纪30年代，在众多的知识分子从西方的理智和马克思主义向"日本"或者佛教的"空"回归的时候，安吾却反其道而行之，真正从否定佛教起步。当然，他不会成为一个单纯的近代主义者。从某种意义上说，他没有放弃"空"的认识。所谓"空"指的是一切存在于关系当中而没有实体的存在。他不会成为感伤性"回归"的对象。因为，"空"就是美，是知识，是道德，是瓦解一切被视为制度性存在且实体性的东西。在许多人从美学上理解佛教或者作为精神上的自我救赎来领会佛教的时候，对于安吾来说，佛教则意味着回归伦理。正因为他从未对佛教做过肯定的论述，所以他贯彻了佛教性。

第三章 武田泰淳

与坂口安吾不同，武田泰淳是参加 20 世纪 30 年代马克思主义运动且转向的众多知识分子中的一员。但他有两点是独具特色的。一是他生在寺院，而且，有一段时间当过和尚。另一点，他是中国文学专家。战后，他在专心从事小说创作之前，曾经作为北海道大学的教授教过中国文学。正是因为这些特点，一个不言而喻的问题却往往被忽视了，那就是马克思主义对他来说具有重要的意义。

令武田独具特色的佛教以及中国文学在近代日本处于类似的地位。前面已经讲过，佛教是支持德川体制的一种制度，明治以后，允许僧侣娶妻生子，成为世袭寺院财产的一种地主阶级。尤其，武田的父亲是宗教团体的领导者、大地主以及大学教授。尽管佛教在 30 年代的知识话语中受到欢迎，但是，把佛教当学问来做的几乎都是僧侣的子弟。这从下面的事实可以得到印证。1926 年坂口安吾为了研究佛教考入东洋大学时，16 名同学中只有他一个人不是僧侣子弟。对武田来说，佛教不是观念，而是具体的制度和生活形态。这不是想做知识分子的人愿意靠近的领域。中国文学也一样。明治维新以前，对于日本知识分子来说，中国的学问和文学一直是遵循的规范。但是，明治维新以后，西方代替了中国。特别是甲午战争以后，中国的东西成为陈旧的、蔑视的对象，已经不是想成为近代知识分子的人正经研究的对象。虽然中国学存在于明治以后的大学制度之中，但是，基本上是旧汉学的延续。

可是，武田选择了被近代日本"知识"疏远了的这两个领域。他在小说当中这样写道："我之所以做了僧侣是因为天生缺乏独立自主的精神，而且，其他也没有什么可做的事。皈依佛教也不是看破了红尘而是选择了一条最容易的路。——正如鱼店的儿子卖鱼，地主的儿子当地主一样，我选择了僧侣这一职业。"（《异形人》，1950）接着，他写到在大学选择了中国文学也只是因为成绩太差，上不了其他的专业。当然，这都是武田独特的自我韬光养晦。但是，这种自我韬光养晦隐藏的不是别的，正是武田的马克思主义体验的重要性。例如，他对于佛教是这样写的：

> 龙树的空观是靠当时自然科学所达成的不可动摇的最高体系。那是冷静无比的自然辩证法，是善男信女一下难以接近的，况且，并没有成为以无常为招牌，令人感到哀伤的结构。在日本万世一系之

外，有一种只顾纵向的联系和时间变化的习惯。佛教的起源本来是要排除从空间上把握宇宙、从物理化学上研究宇宙这样偏颇的教条。所以，平家物语式的咏叹只不过是心胸狭窄、性格软弱者的多虑而已。(《生生轮回》解说)

武田把佛教作为与日本这个国家所欢迎的那个佛教完全异质的宗教来理解。但这并非来自对于佛教的学术研究。的确，武田是把佛教作为辩证法的唯物论来认识的。他修行做和尚是在五次遭到逮捕而脱离左翼运动之后。可以说他和从马克思主义转向佛教的同时代的知识分子相反，试图从佛教中寻求唯物论。有关中国文学也是如此。他从事中国文学研究，因为自己曾经是左翼。除去这个动机，其他无法想象。实际上，日本的中国文学研究是由武田泰淳和他的好友——写过鲁迅的竹内好所开创，并成为同时代通行的学问的。武田的《司马迁——史记的世界》(1942)就是其中的成果之一。但是，它远远超出了中国研究这一领域，是本世纪日本所创作的评论当中最具本质性的评论之一。

例如，在这部作品的开头，他写道："司马迁是一个活着受辱的男人。"司马迁是汉代的历史学家，据说受到皇帝的处罚，让他选择死刑还是宫刑的时候，他为了完成《史记》而选择了宫刑。可以说，武田把自己脱离左翼运动，依存于地主阶级的寺院，又被征兵且被迫作为一个士兵去侵略自己热爱的中国这样的身世与司马迁重叠在一起。不过，他和同样是大地主的儿子、参加共产党运动后转向的太宰治这样的作家完全不同。太宰治描写的是来自转向的罪恶感、不安、反讽。这是因为武田论述的不是司马迁的心理而是《史记》的结构。

尽管如此，依然可以说这种"耻辱"的意识存在于武田创作的中心。论述司马迁的"耻辱"时，武田并没有讲司马迁受了可耻的刑罚，而是讲"书写"行为本身是一件耻辱的事。不管为什么写还是写什么，总之"书写"仅仅是"活着受辱"。换言之，"书写"无论在何种意义上都不能被正当化。仅仅因为在那里书写才有可能。武田的"耻辱"并非在于当了和尚。简单来说，是脱离马克思主义的人其后依然写作的"耻辱"。在日本，马克思主义运动给予知识分子的冲击是任何外来宗教都未曾给予过的。明治的基督教徒坦然地转向，但是，从马克思主义的转向反而让他们接近了宗教。亲鸾和《圣经》被阅读就是这个原因。

但是，武田为什么不讲"罪"而始终讲"耻辱"呢？人类学家鲁思·本尼迪克特在战争期间，为了美国即将到来的占领政策，对关在集中营的日裔美国人做了调查，写出了《菊与刀》这本书。书中讲到西方是"罪的文化"，日本是"耻的文化"。按照她的评价，罪是内心的，耻是外表的。一般认为她的评价比较妥当。但是，值得注意的是罪恶感经常通过深刻的内面化而消除对他者关系中的耻辱。于是，罪恶意识中存在着救赎，而耻辱中不可能存在。武田的小说中，有这样一段对话。一个是为罪恶而烦恼打算入地狱的知识分子，另一个是修行做僧侣的"我"。两个人都是从左翼运动转向的。

"先生要入地狱？"

"是的，我害怕！"

"是那样吗？"

"是呀！"他朝气蓬勃地说。

"我实际上罪恶深重。你可能不知道。这确实很可怕。但，这是事实。"

"哪有什么进地狱这样的事。"

"不，是地狱。"他露出了会心的微笑，好像要排除我那阴郁的同情。可是，我丝毫也没有同情。我怀着预言者的自信提出了那样的主张。怎么能让他轻轻松松地进地狱呢？我别有用心。

"先生应该去极乐世界。"

"极乐世界？"学者蹙着眉头，显得很不高兴。

"无论先生说什么，先生会去极乐世界。"

"为什么呀？"

"不是说人必定去极乐世界吗？"

瞬间，他停止了呼吸。(《异形者》)

此处，"我"的话是对于"罪恶"意识伴随自我陶醉的"别有用心"的批判。"怎么能让他轻轻松松地进地狱呢？"这句话，换言之就是怎能轻轻松松地把"耻辱"改成"罪恶"呢？武田所说的"耻辱"就是人处于现实的关系中而暴露在他者面前的东西。从那里得不到拯救。这可以使我们联想起同时代的萨特所说的"他者就是地狱"，同时，会发现这个观点与安吾所讲的"堕落"很相似。武田表面上采取佛教这一立场而实际上否定了知识分子的宗教追求。但是，与坂口一样，他的观点不能说不是佛教性的。

尽管如此，武田的这种认识若脱离他与马克思主义的关联是难以想象的。的确，他是从马克思主义运动转向的。但那是怎样意义上的转向呢？当时的马克思主义者是什么呢？当时的马克思主义者把"亚洲"规定为停滞的欠发达的历史性阶段。例如，黑格尔在《历史哲学》当中，把中国和印度看作精神的初级阶段。"英国人或者说东印度公司现在成为印度的统治者。大概处于欧洲人的统治之下是亚洲各国的必然命运。在这一点上，中国早晚也会陷入同样的命运。"无论怎样反抗，这都是事实。即使在马克思主义当中，这样的时间性发展和西方中心主义几乎都被继承下来了。马克思主义者只是在摆脱了这种亚洲的落后性，并从西方列强手中解放亚洲这一姿态上，是不同的。

在遵照共产国际的指令开展的马克思主义运动中，

武田大概一直对这样的观点持有异议。从马克思主义转向的人不是投向虚无主义或者宗教，就是要沿着下面的方向前进。那就是改变黑格尔—马克思主义的发展论，把解放亚洲作为"世界史的使命"，使日本帝国主义合法化。这是只有原马克思主义者才能想出来的借口。武田不仅对此提出异议，而且，试图批判残存在马克思主义基础上的黑格尔主义。

武田采用的不是从那个时代的经济基础的角度来解读《史记》的方法，而是从《史记》中找出与黑格尔—马克思主义方法相对立且将其相对化的视角。即，从空间上理解历史，从世界史中排除意义、理念、目的，由此发现"没有中心的诸关系的体系"。

> "本纪"的重点不在项羽个人，也不光是让高祖承担责任。重点在于项羽和高祖这一对立要素的运动。没有项羽的话，也就没有"高祖本纪"。相互对立的其他个人没有价值。这里成为问题的不是王和臣子的关系。而是世界的中心和其周围的政治人物之间的关系。根本对立的两个个人之间的关系。探讨研究这个关系将会深化"本纪"的内容。

按照前面引用的武田的思考来看，这种结构主义式的解读是佛教化的。佛教不是从诸行无常中感受"物之哀"，或者把所有实体作为空来超越历史的现实。佛教试图"排除从空间上把握宇宙、从物理化学上研究宇宙这样偏颇的教条"。那是在从属于且绝不可超越的历史"空间"中来观察。

这不就是马克思在《资本论》中的立场吗？马克思在序言中是这样写的："为了避免可能产生的误解，要说明一下。我决不用玫瑰色描绘资本家和地主的面貌。不过这里涉及的人，只是经济范畴的人格化，是一定的阶级关系和利益的承担者。我的观点是：社会经济形态的发展是一种自然历史过程。不管个人在主观上怎样超脱各种关系，他在社会意义上总是这些关系的产物。同其他任何观点比起来，我的观点是更不能要个人对这些关系负责的。"

例如，马克思主义者是把资本家和土地所有者个人作为这个社会的"责任"者来抨击的。不仅武田，当时的马克思主义者几乎都是出生在富裕的家庭中。他们自己把这一点看作一种罪恶而参加了运动，但那仅仅是"在主观上超脱了各种关系"。接下来，他们脱离运动的时候，主观地感受到那是一种"罪恶"而寻求拯救。但是，武田所说的是个人没有"责任"。而任何个人都处于"社会的各种关系"中——这就是"耻辱"——绝对不可能消除。总之，武田在从马克思主义政治运动脱离出来的过程中，在佛教的名义下，获得了马克思所说的把"历史看作自然史的过程"这一"立场"。

在"史记的世界"中没有超越这个"世界"的观

念和人物。例如，司马迁写《史记》的时代，尽管儒教是国家正式承认的唯一学术、宗教，但是，在书中，孔子作为"世界内"的存在完全被相对化了。使其成为可能的并不是依靠其他的超越性意义。"史记的世界"是不存在这种外部的或不可超越外部的各种关系的世界。武田称为"史记的世界"的是一个没有中心的世界或者多中心的世界，一个不具有任何中心、不能不灭亡的混沌世界。这暗中意味着日本帝国"灭亡"的不可避免性。

1943 年，《司马迁——史记的世界》在试图"主观地"超越资本主义的各种关系或者与亚洲关系的现实之原左翼们提出的"近代的超克"大合唱中，悄悄地出版了。当时，几乎没有一个人理解该书的意图。而战后也没有人能理解。这是因为，教条化的马克思主义很快复活，并与存在主义力量构成对立这样一种战前结构又一次出现。武田在战后转身成为小说家，而实际上如果没有他在上海所直面的"灭亡"与"混沌"的体验，这种转身是不可能的。当然，多数战后作家或多或少地共同拥有这样的经历。让武田非凡卓著的是"史记的世界"这一认识。在此，我没有余力涉及武田的小说，不过可以说，他的小说乃是试图在战后的世界中看"史记的世界"。

这里出现一个困难。因为战后的世界是美苏二元对立的结构，换言之，这是"存在中心的世界"。产生于战后"混沌"的文学不久就被纳入这个稳定的结构——它作为"政治与文学"的问题表现出来——当中。武田在其中坚持"没有中心的世界",从某个意义上说,受到敬畏的同时,在文学上,作为未竟的事业被束之高阁了。但是,这种未完成与他站在西方文学和日本文学的概念之外来思考写作有关。这从他有关《史记》的评论中也可以了解到。

毋庸置疑,《史记》的文字中存在着现代历史学和历史小说都没有的特殊的丰富性。这既不是因为"个人"得到了描写,也不是由于"全体性"得到了表现,其秘密潜藏在武田所发现的《史记》的结构中。"在这里,构成中心的人物的关系成为问题,而不是个人的命运。个人的性格如何具有历史的重要性?通过立体地眺望'世界的中心',掌握其运动的法则,清清楚楚地表现出来。正是这个时刻,'愤怒'和'欢笑'以及'勇气'、'焦躁'和'智慧',这些个人的感情、伦理、能力一个个从历史的画面中清晰地浮现出来。"《史记》的"人物"分类表终究没有脱离具体的事物,同时又与近代现实主义不同,它是依靠相互之间的关系、差异性和统一性严密编制出的符号体系。大概有关武田的小说也可以这样评论。武田的长篇小说写得像《史记》。但是,为此,在习惯近代西方小说的读者眼里,在战后萨特式的尝试受到青睐的人看来,这只能是很特别的。

但是，在"战后的"世界已然终结的今天，代替美苏两极结构而出现的单一市场竞争，以重新兴起的各国民族主义和欧洲共同体的确立为契机，世界经济政治的区域化在发展，为此需要意识形态上的重组。在这种状况下，武田的工作重新具有了新鲜的意义。日本的后现代主义与战前相同，一方面"回归日本"，另一方面作为"大东亚共荣圈"那样的"国际主义"表现出来，完全抹杀了武田所代表的"战后文学"。但是，武田所著《司马迁——史记的世界》不仅预示了战后的世界，甚至预示了其后的"世界秩序"也早晚会崩溃的历史趋势。

附注：本书各章论文首次刊载杂志一览

1. 绪论——《路易·波拿巴的雾月十八日》

《路易·波拿巴的雾月十八日》太田出版，1996 年。

2. 近代日本的话语空间

《海燕》1988 年 1 月（后收录于《论终结》，福武书店，1990 年，讲谈社学术文库，1995 年）

3. 大江健三郎的讽喻

《海燕》1989 年 9·10 月号（后收录于《论终结》，同上）

4. 村上春树的风景

《海燕》1989 年 11·12 月号（后收录于《论终结》，同上）

5. 近代文学的终结

《海燕》1988 年 3 月号（原题《同一性的圆环》）与《群像》1989 年 6 月号（原题《小说这一斗争》）合并（全都收录于《论终结》，同上）

6. 佛教与法西斯主义

《批评空间》第 2 期 18 号，1998 年 7 月。

后　记

　　本书的论文大多是收录在评论集《论终结》（1990）中的。我写这些论文是因为发生了 1989 年的苏联、东欧圈的崩溃和世界"冷战"结构终结这样的事件。另外，也是因为注意到弗朗西斯·福山基于对黑格尔的解读而提出的"历史的终结"。同时，我必须思考此时日本发生的"终结"，那就是昭和时代的结束。1989 年爆发的世界史事态和一个老人的衰老而死亡所导致的事态不可同日而语。但是，我意识到这两个事件在结构论上是相关联的。即，"昭和的终结"不是日本特殊的现象，而可以作为世界史的结构和反复中的现象来观察。

　　我的观点认为："终结"仅仅是世界史中反复的一个过程。那么，是什么使历史成为反复的呢？就这个问题，我在卷首论文中基于马克思戏仿黑格尔的《历史哲学》而创作的《路易·波拿巴的雾月十八日》，做了思考。我按这个视角对旧稿进行了重组。所以，希望读者把本书看作新创作的著作。

　　我主要通过对文学作品的分析就日本的历史与反复

进行了研究。但是，当时并没有这样想。文学作品可以做到这样的分析，这本身显示了近代文学的历史特点。想起来，我在这一时期见证了"近代文学的终结"。而现阶段则更明了，这并非个人的感想。

柄谷行人
2004 年 4 月于纽约

译后记

译完本书，如释重负。回溯本书的翻译过程，使我想到常说的一句话：世间万事源于机缘。2007 年 5 月 23 日，《读书》杂志邀请柄谷行人先生与部分在京学者座谈。笔者抱着听讲的想法参加了座谈。座谈会上，学者们围绕柄谷先生的著作《走向世界共和国》展开的讨论让我处于用中文和日语同时接受理论的错乱状态中。那是我头一次近距离聆听柄谷先生的谈话（尽管此前听过先生的演讲）。他的叙述纵横古今东西，论述极富理论性和思辨性。正当我听得入迷的时候，担任现场翻译的赵京华先生（也就是本文集的主编）因为太累希望我替他做后半场的翻译。我有一种"赶鸭子上架"的感觉，但是，硬着头皮坐到了翻译席上。那次的经验令我至今难忘。对翻译来说，面对柄谷先生的理论架构和知识结构，以及哲思飞扬的论述，现场翻译的确是一个考验。应付完那次翻译后，过了不到一年，赵京华先生约我一起翻译柄谷先生的著作集《定本柄谷行人集》。而那次只有招架之功的现场翻译就成为我接受此翻译任务的"政绩"。我的专业是日本文学，赵京华先生算是照顾我，他说：《历史与反复》是本文集中直接涉及文学评论的一本，适合你翻译。因为做过现场翻译，而且认识到以前读过的柄谷著作并没有真正读懂，所以，抱着学习的目的，我欣然接受了本书的翻译工作。

虽然有过直接与作者对话的经历，但是，读懂并准确地把柄谷先生呕心沥血的理论结晶翻译出来并不容易。我首先面对文本，通过文本，以小学生的心态跟老师对话，弄清文本的叙述结构，理解文本的内容，然后，结合现场翻译的体会，寻找接近柄谷先生叙述习惯的中文表达方式，力图做到传达文本的内容，译出作者的文体特点。但是，柄谷先生是一个站在世界的高度和历史的深处看事物的思想家，本书中，他对于《资本论》和《路易·波拿巴的雾月十八日》等马克思经典文本的阐释独辟蹊径，我作为译者尽管小心翼翼，仔细解读，但受到知识结构和理论素养不足的制约，还是难免有疏漏之处。幸好，主编赵京华先生在中国是最早翻译柄谷代表作《日本现代文学的起源》的译者，也是中国研究柄谷理论的权威。他认真校订了本书的译稿，根据"柄谷行人文集"的统一体例，对注释、数字年号、概念名称、西方人名地名的习惯译法等进行了校对和改正。甚至西方经典著作的引用，也尽可能帮助我采用了国内通行的译本。还承蒙林少华先生订正了村上春树作品引文的译文。本书的引用部分，国内已有经典翻译的则尽可能采用之，其他部分由译者本人翻译。这样，我对于本书的译文也有了一份自信，但愿读者阅读此书时，不会因译文不到位而感到失望。

此项翻译出版事业，主要是中央编译出版社的和龚社长、邢艳琦社长助理促成，并由该社冯章、姜迪做责编。作为本书的译者，我钦佩他们的慧眼。世界经济政治的区域化在发展，为此需要意识形态上的重组。因此，柄谷行人的著作具有重要的意义。尤其，在国际金融危机像海啸一般席卷世界的今天，阅读本书的读者必定会感到柄谷的理论方法替我们找到了认识世界与历史的钥匙。

翻译是遗憾的艺术，尽管翻译过程中反复斟酌，但还是存在瑕疵。值此《柄谷行人文集》修订之际，译者对第一版的译文重新做了修改，但愿译文能够更加完整地传达作者的原意，值得读者信赖。

王　成
2017 年 11 月 8 日于清华园

《柄谷行人文集》编后记

　　柄谷行人是当今东亚地区重要的理论批评家，他的著作在汉语读书界也有了多种译本，影响广泛。中央编译出版社根据大陆读者的期待计划出版其文集，是在2007年前后。如今十年已经过去，我们陆续出版了六种。此次统一格式，重新修订编校，隆重推出中文版柄谷行人文集，共六卷：

　　第一卷《日本现代文学的起源》

　　第二卷《作为隐喻的建筑》

　　第三卷《跨越性批判——康德与马克思》

　　第四卷《历史与反复》

　　第五卷《世界史的构造》

　　第六卷《哲学的起源》

　　以下，我简要介绍柄谷行人的生平思想、各卷著作的内容以及中文版文集的计划、翻译和编辑过程。

　　柄谷行人（Kojin Karatani），1941年生于日本兵库县尼崎市。早年于东京大学就读经济学本科和英国文学硕士课程。毕业后先后任教于日本国学院大学、法政大学和近畿大学。一段时间里，曾担任过美国耶鲁大学东亚系和哥伦比亚大学比较文学客座教授。2006 年荣休，但依然笔耕不辍而活跃于思想文化评论界，是享誉国际尤其在东亚地区具有思想影响力的日本著名理论批评家，至今已出版著述 30 余种。

作为日本后现代思想的主要倡导者和左翼马克思主义理论家，柄谷行人 40 余年来的文艺批评和理论实践，比较完整地反映了"后现代思想"发源于 68 革命，经过 20 世纪七八十年代的迅猛发展而于 90 年代逐步转向新的"知识左翼"批判的演进过程。特别是他倚重马克思的思想又借用解构主义的思考理路，从反思"现代性"的立场出发，对后现代思想的核心问题如"差异化""他者"与"外部"等观念以及整个 20 世纪人文科学领域中的"形式化"倾向所做出的独特思考，大大地丰富了日本后现代批评的内涵。另一方面，他始终坚信马克思思想对于资本主义制度的批判价值和认识世界的方法论意义，一贯致力于从各种不同的角度解读其文本，从中获取不尽的思想资源。而他从 20 世纪 70 年代侧重以解构主义方法颠覆各种体系化意识形态化的马克思主义并重塑文本分析大师的马克思形象，到 20 世纪 90 年代借助康德"整合性理念"和以他者为目的之伦理学而重返社会批判的马克思，并力图重建"共产主义"的道德形而上学理念，其发展变化本身既反映了他本人作为日本后现代主义批评家的独特思考路径，又体现出与"西方马克思主义"的共通性。

2000年前后，柄谷行人积极倡导并正式组织起"新联合主义运动"（New Associationist Movement，一种抵抗资本与国家并追求"可能的共产主义"的市民运动），通过重新阐发马克思政治经济学批判中的价值形态理论，提出从消费领域而非生产领域来抵抗资本主义的斗争原理。近年来，他则进一步推出独创的有关资本主义制度之批判理论——资本—民族—国家三位一体说，并在此基础上从交换方式的角度重新分析世界史的结构和"帝国"问题。同时，积极参与日本东北大地震后一系列反对核电站建设、维护和平宪法第九条等的市民运动。柄谷行人这些新的尝试包括遇到的理论与实践难关，对于我们理解马克思的思想在当今的理论价值，思考全球化新帝国主义时代资本制的内在结构和周期性危机的形态，激发人们超越资本主义世界体系的理论想象力等方面，都具有重要的参考价值。

柄谷行人一生的理论批评工作，有着清晰的内在逻辑和思想发展脉络。我们这次编选他的中文版著作集，按照编年的顺序从各时期的著作中选出最能显示其思想发展过程、也最有代表性的六种。

第一卷《日本现代文学的起源》，日文版初版于1980年。如今，作为柄谷行人早期解构主义批评的代表作，已经成为闻名世界的经典。其中，以一切从根源上提出质疑的现象学还原方法，来反思明治维新以来日本文学的现代性及其与民族国家建构之共谋关系的方法论，已经得到广泛的认知和理解。而有关现代文学之风景的发现、内在的人、自白制度、疾病的隐喻、儿童的发现、文学的装置等一系列独创性的分析概念，也得到了广泛关注并成为不同地区和国家的人们讨论在地的现代文学之"起源"时的重要参考。这些概念的提出和精彩的分析，清晰地展现了柄谷行人独特的批评方法，即在被"颠倒"的事物和观念中洞察文学的起源，对文学的制度性及其历史主义普世原则进行解构式的批判。自1993年该书在美国刊行英译本以来，又相继出版了德文版、韩文版、中文版和土耳其文版。可以说，一本薄薄的论述日本现代文学的随笔集名副其实成了经典之作。究其原因，大概就在于其透过文学现代性的批判来解构现代性本身这一写作策略。该书透过明治时代中期文学诞生的历史，考察了在西洋至少经历200年而在日本只需一个世纪便创生出来的现代性起源。

第二卷《作为隐喻的建筑》，日文本初版于1983年。1992年刊行英文本和2003年编入岩波书店版《定本柄谷行人集》之际，作者又对其内容做了比较大的修订和改编。可以说，这是一部有关解构主义问题的理论著作，集中反映了20世纪80年代身处后现代思潮旋涡之中的柄谷行人，在日本语境下对"解构"问题的独特思考。所谓"日本语境",即在作为非西方国家而没有形而上学传统之思想重压的日本,如何在确认了解构的对象之后推动解构主义批评的发展。柄谷行人当时采取的战略是一人扮演"两重角色":先建构,再解构。他认为,"解构只有在彻底结构化之后才能成为可能"。因此,该书首先从古希腊以来西方哲学家强固的"对于建筑的意志"即构筑形而上学体系的欲望入手,考察20世纪人文科学领域中普遍存在的"形式化"倾向,以逻辑学之罗素、哲学之胡塞尔、语言学之索绪尔、数学之哥德尔乃至人类文化学之列维·斯特劳斯等试图挣脱形而上学束缚却最终没有走出"形式化"逻辑为例,证实"形式主义"的革命不仅没能真正颠覆传统形而上学,反而使种种思想努力落入了"结构"的死胡同之中。在此,受到萨义德"世俗批评"的启发,柄谷行人转而从西方知识界找到另一个反形而上学的思想家系列,通过对维特根斯坦和马克思的创造性阐发,提炼出"相对的他者"和"社会性的外部"等重要概念,为解构主义批评乃至后现代思想建立了稳固的理论基础。这对日本知识界从根源上认识和理解发源于西方的作为批判理论的解构主义,做出了重要贡献。今天看来,该书无疑也已然成为日本批评史上里程碑式的作品。

第三卷《跨越性批判——康德与马克思》,日文版初版于 2001 年。无论从理论深度还是从现实批判的意义上，该书都可以称为柄谷行人后期主要的代表作之一。首先，20 世纪 90 年代东西方冷战格局的解体和马克思主义所面临的从未有过的危机，是柄谷行人重新思考马克思的起点。对于资本主义国家中的左翼知识分子来说，苏联东欧社会主义阵营的土崩瓦解不仅是作为实体的社会主义制度的消失，更意味着作为乌托邦理念的共产主义信仰的破灭。制度可以改变和另建，但作为理念即有关世界革命和人类解放的道德形而上学观念，共产主义是否可以重建？柄谷行人认为，不仅可以而且需要这种重建。其次，要重建共产主义的道德形而上学，就需要重新回到马克思思想本身并恢复其固有的批判精神——《资本论》之政治经济学批判。在此，他引入康德并与马克思的著作对照阅读，在康德那里看到了其"形而上学批判"背后试图重建作为实践和道德命令之形而上学的意图。这触发他以康德的"整合性理念"来理解"共产主义"。第三，在柄谷行人看来，作为道德形而上学理念的共产主义之所以破灭，主要是因为 19 世纪以来世界社会主义运动逐渐偏离了将其视为乌托邦理念的方向，把生产领域的斗争和对抗国家的运动作为扬弃资本主义制度之革命的主要目标。结果是共产主义变成了"建构性理念"，革命成了建设现代民族国家的工具。因此，重新恢复马克思的政治经济学批判，也便是要坚持从资本的逻辑出发分析资本主义社会及其生产关系和意识形态，而对 20 世纪社会主义革命和制度建设的经验教训，则需要深刻反思。第四，马克思在世期间未能就国家问题提出完整的理论阐述，今天我们要对此加以认真思考。在此，柄谷行人一个重大的理论贡献，是提出了资本—民族—国家三位一体说。他认为，分别基于不同的交换原理的资本、民族、国家在从封建社会向资本主义社会演进过程中逐渐联结成三环相扣的圆环。这个圆环十分坚固，任何扬弃资本主义制度的革命如果只是针对其中的一项或两项都不能解决问题。因此，他提倡从消费领域抵抗资本的自我增殖，同时强调"自上而下"来抑制国家并警惕民族主义泛滥的必要性，认为唯此方可期待"世界同时革命"的到来。

第四卷《历史与反复》日文版初版于 2004 年，是为岩波书店版《定本柄谷行人集》新编的一卷，大部分内容写于 1989 年前后。实际上，这是一部尝试运用马克思《路易·波拿巴的雾月十八日》的历史分析方法透视世界近代史，通过文学文本的解读来观察日本明治维新以来的现代化历程和思想话语空间的著作。柄谷行人认为，马克思的《雾月十八日》并非针对法国当下历史事件的新闻记事性的著述，而是关于国家即政治过程的原理性阐释。如果说《资本论》是对于近代经济学的批判，那么《雾月十八日》则是对近代政治学的批判。之所以能够达成这种原理性的"批判"，在于马克思对历史现象采取了"结构性"分析的方法，由此看到了历史的结构性反复。所谓"历史的反复"大概有以下几种情况，如马克思最早在《资本论》中分析经济危机周期性循环时采用了 10 年一个周期的短期波动说，这是一种结构性反复的类型。又如，《雾月十八日》阐发了 1848 年革命到波拿巴登上皇帝宝座的过程，乃是对 60 年前拿破仑通过第一次法国大革命而当上皇帝的历史重演，这是另一个历史周期反复的类型。柄谷行人在该书中主要依据 60 年一个周期的模式，来观察世界现代史上 19 世纪 70 年代进入帝国主义时代、20 世纪 30 年代转向法西斯主义和 20 世纪 90 年代进入全球化新帝国主义时代的历史重叠现象，同时也考察了从"明治维新"（19 世纪 70 年代）到"昭和维新"（20 世纪 30 年代）再到"昭和时代的终结"（1989 年）这一历史时间的巧合和诸多事件的惊人相似性，试图从中发现结构性反复的规律。而其重要的方法论思考在于：历史的反复是存在的，但反复的并非事件而是结构。

第五卷《世界史的构造》，日文版初版于 2010 年。该书是柄谷行人对《跨越性批判——康德与马克思》（2001）和《迈向世界共和国》（2006）两书的观念与未来展望，进行全面体系化的一部理论著作。21 世纪，人类正面临着种种困惑和危机。而最大的危机在于两百多年来工业革命所构筑起来的资本主义体系已然山穷水尽。资本的逻辑渗透到世界的每一个角落，而人类关系也完全被商品交换关系所覆盖。资本主义果真已经不存在其"外部"了吗？此刻，需要我们凝聚理论的想象力和思想的创造性，去发现新的"外部"——超越资本主义体系并展现人类未来可能性的全新图景。《世界史的构造》正是这样一部关乎资本主义结构性危机和人类未来发展前景的思想性著作。马克思主要从经济基础即"生产方式"的维度考察了社会构成体的历史，而视国家和民族为观念性的上层建筑。柄谷行人则认为，这种思考的维度存在一定的缺陷，无法充分说明资本主义社会的现状。因此，他在该书中试图从"交换方式"的角度来考察人类社会构成体的历史，从而对资本主义结构性危机和人类发展前景，分别给出了自己的批判和预测。

第六卷《哲学的起源》日文版初版于 2012 年，是柄谷行人近来的一部新作。真正的思想家，应该是那些勇敢面对某一时代人类社会的核心议题或思想危机而做出独特思考的人们。柄谷行人认为，当今人类社会的思想危机，莫过于建基在现代资本主义体系之上的意识形态即自由—民主主义的全面危机了。20 世纪 70 年代以后，哈贝马斯、汉娜·阿伦特等西方思想家曾通过康德再解读而试图回归希腊民主政治的源头，以重温市民社会的制度原理和道德准则。然而，后来各国的新自由主义并没有从根本上拯救资本主义，社会民主主义也遭遇到前所未有的困境。《哲学的起源》则重点讨论希腊哲学本身，从而发现了被西方近代哲学遮蔽的另一个传统，即伊奥尼亚自然哲学中的 Isonomia——自由人联盟（建立在个人契约之上而没有统治与被统治关系）的民主思想。他认为，这个民主思想传统经过我们的重新钩沉和阐发，可以用来反思和超越现代民主主义，从而找到解决资本主义政治危机——对自由与平等无法两全——的新途径。这无疑是具有原创性和冲击力的思考。作为东亚思想家，柄谷行人一贯注重理论和实践的密切关联。该书所讨论的问题发生在 2000 年前的古希腊，但问题的核心却直击我们的当下。他的结论是，自由—民主主义并非人类到达的最终形态，超越自由与平等难以两全的悖论，其思考的契机就隐含在古希腊另一个被忘却的思想传统——Isonomia 中。

柄谷行人近年来在汉语读书界越来越受到比较广泛的关注，他本人与中国知识界的交流实际上早在 20 世纪末就开始了。1998 年底，他借"中日知识共同体"对话会的机会第一次造访北京，与汪晖等中国学人就亚洲、全球化和马克思主义观察视角等问题展开交流。也就是在这之后的 2000 年左右，我与柄谷行人先生取得联系，征得他的同意翻译其早期著作《日本现代文学的起源》。2003 年，该书中文版由北京三联书店出版，得到中国学者和大学在校博士生的广泛征引，直接影响了中国现当代文学研究阐释架构的转变。2006 年，大陆和台湾又不约而同地推出柄谷行人的另外两部著作。一是中央编译出版社的《马克思，其可能性的中心》，一是台湾商务印书馆的《迈向世界共和国》。前者与《日本现代文学的起源》一样属于柄谷行人20世纪70年代的早期著作，而后者则是写于2006年反映了作者新近理论思考的书籍。可以说，至此日本理论批评家柄谷行人，在汉语学术界已经有了相当的知名度并正在扩大其影响。而我，也就是在这前后就产生了编译其文集的念头，并得到了中央编译出版社的积极响应。

2007年5月，应清华大学之邀柄谷行人再次访问北京，做题为"历史与反复"的讲演并与在京中国学者就"文学时代的终结"和"走向世界共和国"等话题进行了深入的讨论。这给文集编译出版的商谈提供了机会。记得那天晚上，闻讯而来的时任中央编译出版社总编室主任的邢艳琦和策划编辑高立志两位在万圣书园与柄谷行人会面，当得知中央编译出版社乃中国以编译马克思主义著作闻名的一家老资格出版机构后，柄谷先生十分高兴并表示愿今后多多合作。

2008年5月的一天，我借短期访学日本之机于细雨蒙蒙中再次拜访了位于东京郊外南大泽一片茂密丛林旁的柄谷行人宅第，时隔一年的重逢让柄谷先生有些滔滔不绝，他讲起未来自己的著作计划和思考方向，谈到退休后在市公民馆开设免费讲座与听众热议"迈向世界共和国"的理念……我印象中，柄谷先生思维依然敏捷，激情丝毫不减当年。当请求他为中文版文集作序时，他不仅满口答应而且坚持要每卷各写一篇，并热切期待中国读者能够接受他的著作。在告别后回住所的路上，依然是细雨蒙蒙中，我遐想这位身处资本主义国度中的左翼马克思主义批评家，其思想的力量和信念是不是正在于他大胆地把共产主义作为"整合性理念"而化作心中的道德命令呢？在今天这个缺少理念和想象力的贫乏时代，我在感谢柄谷先生为中文版作序并提供各种翻译上帮助的同时，还想由衷表达我的一份敬意。

这就促成了我们编辑出版柄谷行人文集中文版的最初计划。而在 2007 年前后，我们还只是有一个三卷本的出版计划，即《作为隐喻的建筑》《跨越性批判——康德与马克思》和《历史与反复》。到了 2012 年柄谷行人第三次造访中国，客座清华大学讲授《世界史的构造》之际，我们又配合其授课而推出了《世界史的构造》中译本，并征得其同意将此前三联版的《日本现代文学的起源》中文版也交由中央编译出版社出版。与此同时，还将最新的《哲学的起源》也列入到出版计划之中。这样，才有了今天这个《柄谷行人文集》六卷本的规模。

最后，我要特别感谢一起合作承担了第二卷《作为隐喻的建筑》、第四卷《历史与反复》和第六卷《哲学的起源》翻译工作的三位译者——应杰先生、王成先生和潘世圣先生。我个人虽然负责了《文集》一半的翻译工作，但如果没有这三位的通力合作，也是无法完成此翻译出版计划的。三位都在北京和上海的高校工作，教学任务十分繁重。为了这项翻译工作不惜挤压自己宝贵如生命的时间，而且如约出色地完成任务，在统一译文的概念术语、格式体例方面相互切磋彼此配合，更让我感到了未曾有过的协同作战的快乐。同时，也向中央编译出版社历届领导和几任责编——冯章先生、陈琼女士和朱瑞雪小姐对《文集》出版的大力支持和辛苦工作，表示深深的谢忱！

赵京华

2017 年 9 月 7 日

于北京太阳宫寓所三杨斋